손으로 쓰면서 외우는

JLPT N3
30일 완성

손으로 쓰면서 외우는
JLPT N3 30일 완성

초판 1쇄 발행   2018년 4월 16일

초판 4쇄 발행   2024년 2월 16일

지 은 이   나무

펴 낸 이   최수진

펴 낸 곳   세나북스

출판등록   2015년 2월 10일 제300-2015-10호

주   소   서울시 종로구 통일로 18길 9

홈페이지   http://blog.naver.com/banny74

이 메 일   banny74@naver.com

전화번호   02-737-6290

팩   스   02-6442-5438

I S B N   979-11-87316-24-4 13730

이 도서의 국립중앙도서관 출판예정도서목록(CIP)은 서지정보유통지원시스템
홈페이지(http://seoji.nl.go.kr)와 국가자료공동목록시스템(http://www.
nl.go.kr/kolisnet)에서 이용하실 수 있습니다.
(CIP제어번호 : CIP2018008484)

손으로 쓰면서 외우는

JLPT **N3** 30일 완성

나 무 지음

문법편

오감을 이용해
기억력을 높이는 '필사 공부법'

사람의 기억력을 높이는 방법에는 여러 가지가 있습니다.

첫 번째 방법은 '최대한 많은 감각을 이용하는 것'입니다. 일본어를 공부할 때도 단지 눈으로만 보기보다는 오감을 이용하는 편이 더 많이, 오랫동안 기억이 되어 공부에 도움이 됩니다.

예를 들어 '딸기'라는 뜻의 일본어 'イチゴ'를 외울 때, 눈으로 보고(시각), 손으로 쓰면서(촉각) 입으로 소리 내어 읽고(청각), 딸기 향기를 맡은 후(후각) 먹으면서(미각) 외운다면 오감을 모두 이용한 것으로서 기억력을 높일 수 있다는 의미입니다.

일본의 생물학자이자 민속학에도 조예가 깊었던 '미나카타 구마쿠스(南方熊楠)'는 공부할 때 '필사법'을 활용한 것으로 유명합니다. 미나카타의 방대한 독서량과 탁월한 기억력은 전설적이었는데 대영박물관의 도서관에서 무려 500여 권에 이르는 책을 필사했다고 합니다. 이런 그의 노력은 그를 다방면에 걸친 해박한 지식인으로 만들어 주었습니다.

이 책은 감각을 이용하는 '필사'를 통해 공부하는 책입니다. 눈으로 보고 손으로 쓰고 느끼며 공부하는 것으로, 각 문장을 소리 내 읽으면서 필사를 하면 더욱 효과적입니다. 특히 외국어는 단어 하나하나를 따로 외우기보다는 문장을 통째로 외우면 문법과 글자, 의미를 동시에 이해할 수 있기 때문에 각 표현마다 문장을 하나씩 선택해서 외우는 것을 적극 추천합니다.

주기적인 반복을 통한 기억력 높이기

두 번째로 기억력을 높이는 방법은 '반복'입니다. 사람이 기억한 내용을 잊어버리는 단계를 인지하고 그에 맞춰 일정한 주기로 반복하면 기억을 좀 더 효율적으로 유지할 수 있습니다.

심리학 교수 다니엘 샥터가 제창한 '에빙하우스의 망각곡선'은 사람이 기억했던 것을 잊어가는 과정, 즉 망각해 가는 단계를 정리

한 이론입니다. 이에 따르면 사람은 무언가를 기억한 후 채 10분도 지나기 전에 잊어버리기 시작해 20분이 지나면 이미 40% 이상을 잊어버리고 한 달 뒤에는 외웠던 내용 중 겨우 21% 정도밖에 기억하지 못한다고 합니다.

그래서 이 책에서는 9일간 공부하고 10일째 되는 날, 앞서 공부한 내용 전체를 다시 한 번 반복할 수 있도록 리뷰Review를 넣었습니다. 1일 치를 필사한 후 다시 한 번 눈으로 읽은 뒤 공부를 끝내고 다음 날에는 전날 학습 내용을 반드시 읽어본 후 다음 필사를 합니다.

이처럼 1시간, 하루, 3일, 일주일, 한달 등 주기적으로 내용을 복습하면 오랫동안 기억을 유지할 수 있습니다.

본인 상황에 맞는 예문 만들어 보기

마지막으로 추천하는 공부 방법은 주어진 예문 이외에 본인의 현재 상황에 맞는 '예문을 직접 만들어 보는 것'입니다. 사람은 자신과 밀접한 관계가 있는 것, 흥미가 있는 것을 그렇지 않은 것보다 더 잘 기억한다고 합니다. 마음으로 공감되는 내용은 머리뿐 아니라 가슴에 강하게 남습니다.

제시된 예문을 보고 베껴 쓴 다음 자신의 상황에 맞는, 혹은 현재 본인이 하고 싶은 말을 예문으로 만들어 보시기 바랍니다.

위의 세 가지 방법을 활용한다면 단 한 번의 학습만으로도 일본어 실력 향상에 큰 효과를 얻을 수 있을 것입니다.

저자 나무

Contents

Chapter 2. **여러 가지 의미가 있는 단어들**

Chapter 3.   다양한 표현들, 어휘력 늘리기

MEMO

품사별 표기 및 활용

동사

V(동사)	1그룹 예시	2그룹 예시
V 사전형	乗る	食べる
Vます형	乗ります	食べ
V た형	乗った	食べた
V て형	乗って	食べて
V ない형	乗ら（ない）	食べ(ない)
V ば형	乗れば	食べれば
Vたら형	乗ったら	食べたら
Vと형	乗ると	食べると
V 의지형	乗ろう	食べよう
V 명령형	乗れ	食べろ
V 보통형	乗る/乗った	食べる / 食べた
	乗らない/乗らなかった	食べない / 食べなかった

형용사

イA(イ형용사)	예시	ナA(イ형용사)
イA 사전형	さびしい	ナA 사전형
イA 어간	さびし	ナA 어간
イAい	さびしい	ナA な
イA く	さびしく	ナAで
イA くて	さびしくて	ナA 과거형
イA 과거형	さびしかった	ナA なら
イAば형	さびしければ	ナA 보통형
イA 보통형	さびしい /さびしくない	ナA 명사수식형
	さびしかった / さびしくなかった	

명사

N(명사)	예시
N	車
Nの	車の
Nである	車である
N 보통형	車だ / 車だった
	車ではない / 車ではなかった
N 명사수식형	車の / 車だった
	車ではない / 車ではなかった

	3그룹 예시
	する
	し
	した
	して
	し(ない)
	すれば
	したら
	すると
	しよう
	しろ or せよ
	する / した
	しない / しなかった

	예시
	好きだ
	好き
	好きな
	好きで
	好きだった
	好きなら
	好きだ / 好きだった
	好きではない / 好きではなかった
	好きな / 好きだった
	好きではない / 好きではなかった

비슷한 표현들
비교하며 이해하기

1일차

1. ~てくる : ~해 오다, ~해 지다

상대방이 자신에게 오는 상황(방향성), 지금까지의 변화,
계속해 온 행동 등

> Vて형 + くる

昨日は父が帰^{かえ}りにチキンを買^かってきた。

어제는 아버지가 집에 오면서 치킨을 사 왔다. (방향성)

_____

_____

最近、日本に来る外国人^{がいこくじん}が多^{おお}くなってきた。

최근 일본에 오는 외국인이 많아졌다. (변화)

_____

_____

10年前^{ねんまえ}から日本人^{にほんじん}に韓国語^{かんこくご}を教^{おし}えてきました。

10년 전부터 일본인에게 한국어를 가르쳐 왔습니다. (지속적 행동)

_____

_____

帰り 돌아옴, 귀가   買う 사다   外国人 외국인   教える 가르치다

2. ~ていく : ~해 가다

상대가 내게서 멀어지거나 내가 상대, 목적지를 향해 가는 상황(방향성),
앞으로의 변화 등

> V て형 + いく

🧑 雨が降りそうだから傘を持っ**ていって**。

비가 올 것 같으니까 우산을 가져가. (방향성)

_____

_____

🧑 帰りにお弁当を買っ**ていく**から一緒に食べよう。

집에 갈 때 도시락을 사 갈 테니까 같이 먹자. (방향성)

_____

_____

🧑 もう11月だからどんどん寒くなっ**ていく**でしょう。

벌써 11월이니까 점점 추워지겠죠. (변화)

_____

_____

👣 雨が降る 비가 오다　傘 우산　持つ 지참하다, 들다　一緒に 같이, 함께

23

3. ～ておく : ~해 놓다, ~해 두다

의도적으로 무언가를 미리 해 두거나 어떤 행동 이후에 정리하는 것

Vて형 + おく

🎎 キムパプを作っておいたから明日持っていって。

김밥을 만들어 놓았으니까 내일 가져가.

_____

_____

🎎 報告書は明日の午後までにメールで送っておきます。

보고서는 내일 오후까지 메일로 보내 놓겠습니다.

_____

_____

🎎 使ったものは元の場所に戻しておいてほしい。

사용한 물건은 제자리에 되돌려놓아 두었으면 좋겠다.

_____

_____

🎎 報告書 보고서   送る 보내다   元の場所 본래 있던 자리   戻す 되돌리다

4. ~てある : ~해 있다, ~되어 있다

무언가를 의도적으로 해 놓은 '상태'를 표현할 때 사용

> (타동사)Vて형 + ある

テーブルの上
う え
にお金
お
が置いてあるけど、誰
だれ
のもの？

테이블 위에 돈이 놓여 있는데 누구 거야?

_____

_____

店
みせ
の前に料理
りょうり
の名前と値段
ね だん
が書いてあります。

가게 앞에 요리 이름과 가격이 적혀 있습니다.

_____

_____

ホテルに入
はい
ったらエアコンがつけてあって涼
すず
しかった。

호텔에 들어갔더니 에어컨이 켜져 있어서 시원했다.

_____

_____

🍙 置く 두다　値段 가격　エアコンをつける 에어컨을 켜다　涼しい 시원하다

* ～てくる & ～ていく

～てくる 는 누군가가 나를 향해 오는 것(父が帰ってきた 아버지가 돌아왔다), 다른 곳에서 현재의 위치로 온 상황(私は本を買ってきた 나는 책을 사 왔다), 과거부터 지금까지의 변화(寒くなってきた 추워졌다), 계속해 온 행동(教えてきた 가르쳐 왔다), 어떤 상황이 시작되는 것(雨が降ってきた 비가 오기 시작했다) 등을 표현합니다.

～ていく 는 상대방이 나에게서 멀어지는 것(走っていった 뛰어갔다), 현재 있는 곳에서 상대방이나 목적지를 향해 가는 것(買っていく 사 가다), 앞으로의 변화(増えていく 늘어 가다) 등을 말할 때 사용합니다.

* ～ておく & ～てある

둘 다 '의도적으로' 무언가를 하는 것입니다. 단, ～ておく는 무언가를 해 놓는다는 '행동'을, ～てある는 무언가를 해 놓은 '상태'를 표현합니다.

MEMO

5. ~ようになる : ~하게 되다(변화)

의도적으로 혹은 자연스럽게 상황, 습관, 환경 등이 변화

> V 사전형·가능형·ない형 + ようになる

早く日本語が話せる**ようになり**たい。
빨리 일본어를 말할 수 있게 되고 싶다.

_____

_____

大人になってからは姉とケンカをしない**ようになった**。

어른이 되고 나서는 언니와 싸움을 하지 않게 되었다.

_____

_____

これからはロボットがすべての仕事をする**ようになる**のか。

앞으로는 로봇이 모든 일을 하게 되는 걸까?

_____

_____

話せる 말할 수 있다　姉 언니　ケンカをする 싸움을 하다　ロボット 로봇

6. ~ようにする : ~하도록 하다(자발적 노력)

스스로 무언가를 하거나 어떤 방향으로 바꾸려고 노력하는 상황

V사전형·가능형·ない형 + ようにする

ダイエットのために甘いものは食べない**ようにして**いる。

다이어트를 위해서 단것은 먹지 않도록 하고 있다.

_____

_____

今年は本を月に1冊は読む**ようにして**いる。

올해는 책을 한 달에 한 권은 읽으려 하고 있다.

_____

_____

うちの会社は有休を自由に使える**ようにして**います。

우리 회사는 유급휴가를 자유롭게 쓸 수 있도록 하고 있습니다.

_____

_____

甘い 달다   冊 (책)~권   有休 유급휴가(有給休暇)의 줄임말

7. ~ことになる : ~하게 되다(결과)

타인, 환경에 의해 결정된 사항. 혹은 자신이 결정한 일을 겸손하게 표현

> V사전형/Vない형 + ことになる

来月から出社する**ことになった**。本当に嬉しい！
다음 달부터 출근하게 되었다. 정말 기쁘다! (타인이 결정)

歌手Aはケガでコンサートに参加しない**ことになった**。
가수 A는 부상으로 콘서트에 참가하지 않게 되었다. (상황에 의한 결정)

来年に彼女と結婚する**ことになりました**。
내년에 그녀와 결혼하게 되었습니다. (본인이 결정 - 겸손)

出社 출근　嬉しい 기쁘다　歌手 가수　ケガ 부상, 다치는 것　参加 참가　結婚 결혼

8. ~ことにする : ~하기로 하다(자발적 결정)

자신의 의지, 판단으로 결정한 사항을 표현할 때 사용

> V사전형/Vない형 + ことにする

🎎 今年から毎日運動をする<mark>ことにした</mark>。

올해부터 매일 운동을 하기로 하였다.

_____

_____

👤 忙しくて今日の飲み会には行かない<mark>ことにした</mark>。

바빠서 오늘 술자리에는 안 가기로 했다.

_____

_____

👤 「資料は？」「後でAチームに頼む<mark>ことにしました</mark>」

"자료는?" "나중에 A팀에 부탁하기로 했습니다"

_____

_____

🐾 運動 운동 忙しい 바쁘다 飲み会 술자리, 회식 資料 자료 頼む 부탁하다

* ～ようになる & ～ことになる

～ようになる는 자신의 노력으로 혹은 자연스럽게 ~하게 되었다는 '변화'를, ～ことになる는 자신의 의사와는 상관없이 타인이나 환경에 의해 ~하도록 결정되었다는 '결과'를 의미합니다. 단, 結婚するようになりました와 같이 자신이 결정한 일을 겸손하게 말하는 경우에도 사용합니다.

* ～ようにする & ～ことにする

둘 다 자신의 의지로, 의도적으로 무언가를 하는 경우입니다. ～ようにする는 확실한 결정 사항이 아닌 ~하도록 '노력하다', ～ことにする는 ~하기로 '결정하다'라는 의미입니다. 예를 들어 食べないようにする는 '먹지 않도록 (노력)하다', 食べないことにする는 '먹지 않기로 (결정)하다'라는 뜻입니다.

MEMO

9. ~ほか(は)ない : ~할 수밖에 없다

선택할 수 있는 다른 방법, 다른 상황이 없다는 자신의 판단

V사전형 + ほか(は)ない

試験が心配なら最後まで頑張る **ほかない**。

시험이 걱정되면 끝까지 열심히 하는 수밖에 없다.

_____

_____

ここからはバスもタクシーもないので歩いて行く **ほかない**。

여기서부터는 버스도 택시도 없으니 걸어서 갈 수밖에 없다.

_____

_____

彼が優勝したのは「奇跡」と言う **ほかはない**。

그가 우승한 것은 '기적'이라고 할 수밖에 없다.

_____

_____

試験 시험　心配 걱정　優勝 우승　奇跡 기적

34

10. ~そうにない : ~할 것 같지 않다

부정적인 결과에 대한 추측. 강조는 そうもない, そうにもない

> V ます형 + そうにない

明日から旅行なのに雨が止み**そうにない**。
내일부터 여행인데 비가 그칠 것 같지 않다.

_____

_____

時間が経っても彼女のことは忘れられ**そうにない**。
시간이 흘러도 그녀는 잊을 수 있을 것 같지 않다.

_____

_____

ソウルは家が高くて普通の会社員は買え**そうにもない**。
서울은 집이 비싸서 보통의 회사원은 살 수 있을 것 같지도 않다.

_____

_____

旅行 여행　雨が止む 비가 그치다　時間が経つ 시간이 지나다　普通 보통, 일반

35

11. ～ないことはない : ~하지 않는 것은 아니다

~하기도 한다, 꼭 ~가 아닌 것은 아니다. 다소 가능성이 있다는 의미

> Vない형/イAく/ナAで/Nで + ないことはない

🎎 JLPTは難<ruby>しい<rt>むずか</rt></ruby>が、合格<ruby><rt>ごうかく</rt></ruby>できないことはない。

JLPT는 어렵지만 합격할 수 없는 것은 아니다.

_____

_____

👦 お酒<ruby><rt>さけ</rt></ruby>を飲まないことはないが、あまり好きではない。

술을 마시지 않는 것은 아니지만 별로 좋아하지 않는다.

_____

_____

👦 幸<ruby>せ<rt>しあわ</rt></ruby>でないことはないが、もっと楽<ruby>しく<rt>たの</rt></ruby>過<ruby>ご<rt>す</rt></ruby>したい。

행복하지 않은 것은 아니지만 더 즐겁게 지내고 싶다.

_____

_____

😺 難しい 어렵다 合格 합격 お酒を飲む 술을 마시다 幸せ 행복 過ごす 지내다

12. ~とは<ruby>限<rt>かぎ</rt></ruby>らない : ~라고 단정 지을 수는 없다

'~가 아닐 가능성도 있다' 라는 주관적인 생각, 주장

> V・イA ・ナA ・N보통형 + とは限らない
>
> (ナAだ, Nだ에서 だ 생략 가능)

お<ruby>金<rt>かね</rt></ruby><ruby>持<rt>も</rt></ruby>ちになると<ruby>幸<rt>しあわ</rt></ruby>せになる<mark>とは限らない</mark>。
부자가 되면 행복해진다고 단정 지을 수는 없다.

_____

_____

<ruby>高<rt>たか</rt></ruby>いものが<ruby>必<rt>かなら</rt></ruby>ず<ruby>質<rt>しつ</rt></ruby>もいい<mark>とは限らない</mark>。
비싼 물건이 꼭 품질도 좋은 것은 아니다.

_____

_____

<ruby>逮捕<rt>たいほ</rt></ruby>された<ruby>犯人<rt>はんにん</rt></ruby>の<ruby>話<rt>はなし</rt></ruby>がすべて<ruby>真実<rt>しんじつ</rt></ruby>だ<mark>とは限らない</mark>。
체포된 범인의 말이 모두 진실이라고 단정 지을 수는 없다.

_____

_____

お金持ち 부자   質 질, 품질   逮捕 체포   犯人 범인   真実 진실

* ～ほか(は)ない & ～そうにない

무언가가 일어날 가능성, 다른 선택지가 매우 적은 상황을 나타냅니다. 단, ～ほか(は)ない는 다른 방법이 거의 없기 때문에 ～을 선택할 수밖에 없다는 '판단이나 주장'을, ～そうにない는 ～할 수 없을 것 같다는 부정적인 '추측'을 표현합니다.

* ～ないことはない & ～とは限らない

100% 그러한 것이 아니라 예외도 있는 상황입니다. ～ないことはない는 동사와 쓰이면 ～하지 않는 것은 아니다, 즉 가끔은 ～하기도 한다는 것을, 형용사와 쓰이면 '완전히 ～가 아닌 것은 아니다'라는 것을 의미합니다. ～とは限らない는 '일반적인 상식/추측'과는 다를 수도 있다는 주관적 생각을 말할 때 주로 사용합니다.

MEMO

4일차

ちゅう・じゅう
13. ～中 : ～중(시간), ～안(장소)

어떤 행동이나 상태가 지속되는 동안, 혹은 공간의 내부

(中의 읽는 법 구분에 대해서는 p.44의 설명 참고)

N + 中

きょうじゅう　　　　おく　　　　　　よやく
今日中にお金を送らないと予約がキャンセルされる。

오늘 중으로 돈을 보내지 않으면 예약이 취소된다.

うんてんちゅう　　　　　　　　　　　あぶ　　　　や
運転中にスマホを使うと危ないから止めて。

운전 중에 스마트폰을 사용하면 위험하니까 그만둬.

　　　　　　　　　　　　　せ かいじゅう　にん き
新しく出たゲームが世界中で人気だそうだ。

새로 나온 게임이 전 세계에서 인기라고 한다.

🐾 キャンセル cancel, 취소　運転 운전　スマホ(スマートフォン) 스마트폰

40

14. ～間^{あいだ} : ~동안, ~사이

어떤 동작을 하고 있는 동안, 어떤 상황이 지속되는 기간 등을 의미

V・イA보통형/ナA・N명사수식형 + 間

日本にいる**間**はあちこち旅行^{りょこう}したい。

일본에 있는 동안은 여기저기 여행하고 싶다.

_____

_____

夏休^{なつやす}みの**間**、彼氏^{かれし}と毎日デートをした。

여름휴가 동안 남자친구와 매일 데이트를 했디.

_____

_____

知^しらない**間**にカバンにあったお金^{かね}が無^なくなった。

모르는 사이에 가방에 있던 돈이 없어졌다.

_____

_____

🐾 夏休み 여름휴가　　彼氏 남자친구, 애인　　無くなる 없어지다

41

15. ～にわたって : ~동안 내내, ~에 걸쳐

주로 범위, 기간을 나타내는 명사에 붙어 그 범위, 기간 전체를 의미

> N + にわたって・わたり (뒤에 명사가 올 때 N+にわたる+N)

今年はソウル全域にわたって雪が降る日が多かった。
올해는 서울 전 지역에서 눈이 내리는 날이 많았다.

明日から3日間にわたり祭りが行われる。
내일부터 3일간에 걸쳐 축제가 열린다.

10時間にわたる手術がやっと終わった。
10시간에 걸친 수술이 드디어 끝났다.

全域 전역,전지역 雪が降る 눈이 오다 祭り 축제 行われる 개최되다 手術 수술

16. ~から~にかけて : ~부터 ~에 걸쳐서

시간, 공간적인 범위. 시작과 끝 지점을 대략적으로 표현

N + から + N + にかけて

今日は朝から夜にかけて雨が降るらしい。

오늘은 아침부터 밤에 걸쳐 비가 내린다는 것 같다.

_____

_____

朝はソウルからキョンギドにかけて渋滞がひどい。

아침에는 서울에서 경기도까지 교통 정체가 심하다.

_____

_____

ピカソは19世紀から20世紀にかけて活動した画家だ。

피카소는 19세기부터 20세기에 걸쳐 활동한 화가다.

_____

_____

🐾 渋滞 교통 정체   ひどい 심하다   世紀 세기   活動 활동   画家 화가

* ～中 & ～間

中는 동작/상태가 계속되는 경우 ちゅう로 읽습니다. 범위·
기간을 나타낼 경우 ちゅう로 읽으면 그 안의 일부분, じゅう
로 읽으면 전체를 의미합니다. 예를 들어 世界中는 전 세계,
一日中는 '하루 내내'입니다. 단, 관습적으로 午前中는 ちゅう,
今日中와 今年中는 じゅう로 읽습니다. ～中는 행동/상태가
지속되고 있는 '기간'에, ～間는 행동/상태가 '끝나기 전'이라
는 의미에 중점을 둔 표현입니다.

* ～にわたって & ～にかけて

～から～にわたって라고 할 경우 그 기간/범위 전체를 의미하
지만 ～から～にかけて는 그 범위 내 일부분만 해당되는 때도
사용합니다. ～から가 없을 때, ～にわたって 앞에는 기간/범
위를 나타내는 말이 와서 '～내내', '～전체', かけて는 明日に
かけて와 같이 어떤 시점을 표현하는 말이 와서 '(지금부터) ～
까지에 걸쳐'라는 의미가 됩니다.

MEMO

17. ~ため(に) : ~때문에

앞에 V사전형, Vない형, N가 올 경우 '~을 위해'라는 뜻도
있어 내용을 보고 판단

V・イA보통형/ナA・N명사수식형 + ため(に)・ためだ

インフルエンザの<mark>ために</mark>一週間も外に出られなかった。

인플루엔자 때문에 일주일이나 밖에 나가지 못했다.

財布を無くした<mark>ため</mark>、新しいクレジットカードを申し込んだ。

지갑을 잃어버려서 새로운 신용카드를 신청했다.

私が合格したのはただ運がよかった<mark>ためだ</mark>と思う。

내가 합격한 것은 단지 운이 좋았기 때문이라고 생각한다.

財布 지갑 無くす 잃다, 잃어버리다 申し込む 신청하다 運がいい 운이 좋다

18. ~をきっかけに : ~을 계기로

무언가를 시작하거나 변화하게 된 동기, 이유. 주로 긍정적 내용

N + をきっかけに・きっかけにして・きっかけとして

日本のアニメをきっかけに日本語の勉強を始めた。
일본 애니메이션을 계기로 일본어 공부를 시작했다.

_____

_____

テレビ番組をきっかけに科学に興味を持ちました。
TV 프로그램을 계기로 과학에 관심을 갖게 되었습니다.

_____

_____

二人は何をきっかけにして知り合いましたか。
두 사람은 어떤 계기로 서로 알게 되었어요?

_____

_____

番組 프로그램 科学 과학 興味を持つ 흥미를 갖다 知り合う 서로 알(게 되)다

19. ~によって : ~로 인해, ~에 따라

전후 내용에 따라 원인, 혹은 근거나 기준, 수단이나 방법을 의미

> N + によって・より

🎎 私の不注意によって子供がケガをしてしまった。
ふちゅうい

내 부주의로 인해 아이가 다치고 말았다.(원인)

_____

_____

👦 入学テストの成績によってクラスを決めます。
にゅうがく　　　　　せいせき　　　　　　　　　　　き

입학시험 성적에 따라 클래스를 결정합니다.(기준)

_____

_____

🎎 外部からの投資により、新しい技術の開発ができた。
がいぶ　　　とうし　　　　　　　　ぎじゅつ かいはつ

외부에서의 투자로 인해 새로운 기술의 개발이 가능했다.(수단 혹은 근거).

_____

_____

😺 不注意부주의 ケガをする다치다 成績성적 外部외부 投資투자 技術기술 開発개발

48

20. ~を通じて・~を通して : ~를 통해서

의미는 같지만, 通して가 通じて보다 좀 더 의도적, 능동적인 뉘앙스

N + を通じて・~を通して

彼女とは韓国と日本の交流サイトを通じて知り合った。
그녀와는 한국과 일본의 교류사이트를 통해서 알게 되었다.

_____

_____

毎日、新聞やニュースを通じて新しい情報を得ている。
매일 신문이나 뉴스를 통해서 새로운 정보를 얻고 있다.

_____

_____

NGOを通してボランティアをしています。
NGO를 통해서 봉사 활동을 하고 있습니다.

_____

_____

交流 교류　新聞 신문　情報 정보　得る 얻다　ボランティア 봉사 활동

* 〜ために & 〜をきっかけに

〜ために에는 '〜을 위하여'와 '〜때문에'라는 두 가지 의미가 있습니다. 이유를 의미하는 〜ために는 〜から의 정중한 표현으로서 딱딱한 느낌을 주기 때문에 회화보다는 주로 문장에서 사용합니다. 〜をきっかけに는 무언가를 '시작하게 된' 이유로서 긍정적인 내용에 주로 사용합니다.

* 〜によって & 〜を通じて・〜を通して

〜ため가 단순한 이유를 말한다면 '〜에 의하여'라고 번역되는 〜によって는 무언가를 발생시킨 '원인'을 설명할 때, '〜을 통하여'로 번역되는 〜を通じて・〜を通して는 목적을 위하여 그것을 이용하거나 중간 단계로 활용하는 경우 등 '수단'을 표현할 때 주로 사용합니다.

MEMO

21. ~について : ~에 대해

대화, 생각, 연구 등 어떤 행위의 대상을 설명할 때 사용

N + について (뒤에 명사가 올 때 N+についての+N)

こんしゅう
今週は日本語のアクセント**について**勉強している。

이번 주는 일본어의 악센트에 대하여 공부하고 있다.

けっきょく わか
結局は別れたが彼女**について**悪く言いたくはない。

결국에는 헤어졌지만 그녀에 대해 나쁘게 말하고 싶지는 않다.

けいさつ こんかい じけん   せつめい
警察は今回の事件**について**1時間も説明しました。

경찰은 이번 사건에 대해 1시간이나 설명했습니다.

結局 결국   別れる 헤어지다   警察 경찰   事件 사건   説明 설명

22. ～に対して : ~에 대해, ~에 비해(대조)

행동·반응의 대상을 의미. '~에 비해' 라는 의미일 때는 V·イA 보통형+
の/ナAなの/N

> N + に対して (뒤에 명사가 올 때 N+に対する +N)

韓国と日本では目上の人に対して敬語を使う。

한국과 일본에서는 윗사람에게 존댓말을 사용한다.

_____

_____

バイト先で「お客さんに対する態度が悪い」と指摘された。

아르바이트를 하는 곳에서 "고객을 대하는 태도가 나쁘다"라고 지적받았다.

_____

_____

子供の頃、母は厳しかったのに対して父は優しかった。

어렸을 때 엄마는 엄격했던 것에 비해 아빠는 자상했다.

_____

_____

目上の人 윗사람　敬語 존댓말　態度 태도　指摘 지적　頃 ~때, ~무렵

23. ~に関して : ~에 관해

~について와 비슷하나 더 정중하고 폭넓은 범위를 의미

N + に関して (뒤에 명사가 올 때 N+に関する+N)

その件に関してはメールで報告します。

그 건에 관해서는 메일로 보고하겠습니다.

採用条件に関して少し聞きたいことがあります。

채용 조건에 관해 조금 물어보고 싶은 것이 있습니다.

来週までに経済に関するレポートを出さなければならない。

다음 주까지 경제에 관한 리포트를 내지 않으면 안 된다.

件 ~건   報告 보고   採用 채용   条件 조건   聞く 묻다   経済 경제

54

24. ~において : ~에 있어서, ~에서

어떤 행위를 하는 장소, 상황, 시기 등을 말할 때 사용하는 정중한 표현

N + において (뒤에 명사가 올 때 N+における+N)

人生において一番大事なのは何でしょうか。
인생에 있어서 가장 소중한 것은 무엇일까요?.

初めてのオリンピックはギリシャにおいて開催された。
최초의 올림픽은 그리스에서 개최되었다.

中世における女性の社会的な地位はとても低かった。
중세에 여성의 사회적 지위는 매우 낮았다.

人生 인생   大事だ 소중하다   初めて 최초   開催 개최   地位 지위

* ～について & ～に関して & ～に対して

～に関して가 ～について보다 딱딱하고 정중한 표현이며 좀 더 넓은 범위까지 포함하는 뉘앙스입니다. 車について는 자동차 자체에 대해, 車に関して는 자동차뿐 아니라 관련 기술, 성능, 교통 등 그와 관련된 사항들까지 포함하는 느낌입니다.

～に対して는 '~을 상대/대상으로 하여', '~을 향하여', '~에 대항하여'라는 의미입니다. 동작/감정이 향하는 대상, 내가 대항하거나 반응을 하는 상대를 명확히 표현할 때 사용합니다.

* ～において

장소를 나타내는 ～で, 시간을 나타내는 ～に의 문어체 표현입니다. '어떤 주제, 분야와 관련하여', '～에 있어서'라는 의미로도 사용됩니다. 貿易において(무역에 있어서=무역과 관련하여), 勉強において(공부에 있어서=공부에 관하여) 등의 표현이 있습니다.

MEMO

7일차

25. ~ながら : ~하면서

~하면서 함께 ~을 하다. 두 가지 행동을 '동시에' 하는 상황

Vます형 + ながら

忙しい時はキムパプを食べながら仕事をすることもある。

바쁠 때는 김밥을 먹으면서 일을 하는 경우도 있다.

_____

_____

電話よりは顔を見ながら話すのが好きだ。

전화보다는 얼굴을 보면서 이야기하는 것을 좋아한다.

_____

_____

「歩きスマホ」とは、歩きながらスマホを操作すること。

'아루키 스마호'란, 걸어가면서 스마트폰을 조작하는 것.

_____

_____

電話 전화　　歩く 걷다　　～とは ~라는 것은　　操作 조작

58

26. ~ついでに : ~하는 김에

본래 하려던 것에 더해 ~도 같이 하는 경우. 동시 동작은 아님

V사전형/Vた형/Nの + ついでに

引越しのついでに新しいテレビを買うことにした。
이사하는 김에 새로운 TV를 사기로 했다.

私のお弁当を作るついでにあなたのものも作っておいた。
내 도시락을 만드는 김에 네 것도 만들어 놓았다.

ついでに言いますと、明日の会議はキャンセルだそうです。
덧붙여 말하자면, 내일 회의는 취소되었다고 합니다.

引越し 이사　会議 회의　キャンセル cancel, 취소

27. ~とともに : ~와 함께

두 가지의 대상이나 상황이 동시에 변화하는 모습을 표현

V사전형/N + とともに

🎎 風邪が治るとともに食欲も戻ってきた。
かぜ なお しょくよく もど

감기가 나으면서 식욕도 회복되었다.

_____

_____

👦 つらい記憶も時間とともに消えていくでしょう。
きおく き

괴로운 기억도 시간과 함께 사라져 갈 것이다.

_____

_____

👨 景気が悪くなるとともに失業率も高くなった。
けいき しつぎょうりつ

경기가 나빠지는 것과 함께 실업률도 높아졌다.

_____

_____

😺 治る 낫다　食欲 식욕　記憶 기억　消える 사라지다　景気 경기　失業率 실업률

28. ~にしたがって : ~에 따라서

~에 '이끌려서' ~도 변화. '지시·규칙에 따라'라는 의미로도 사용

V사전형/N + にしたがって・したがい

世の中の変化にしたがって使う言葉も変わっていく。
세상의 변화에 따라서 사용하는 말도 바뀌어 간다. (변화)

人口が増えるにしたがい、車も増えてきた。
인구가 증가하는 것에 따라 자동차도 증가했다. (변화)

説明書にしたがっておもちゃを作った。
설명서에 따라서 장난감을 만들었다. (~에 따라)

世の中 세상 変化 변화 言葉 말 増える 증가하다 説明書 설명서 おもちゃ 장난감

* 〜ながら & 〜ついでに

〜ながら는 두 가지를 동시에 한다는 의미이고, 〜ついでに는 〜하는 김에 다른 일도 같이한다는 의미로 꼭 동시에 하는 것은 아닙니다. 어떤 행동을 할 때 겸사겸사 다른 일도 한다는, 말하는 사람의 심리적인 결정을 표현합니다.

* 〜とともに & 〜にしたがって

AとともにBも変わる는 A와 B의 변화가 서로 관련성이 없을 때도 사용할 수 있습니다. 단순히 두 가지가 '동시에' 변화하는 것을 의미합니다. 한편 AにしたがってBも変わる라고 하면 A의 변화에 따라, 즉 A의 영향으로 B도 변화하는 상황을 의미합니다.

MEMO

8일차

29. ~向き : ~에 적합한, ~쪽으로

'~에 적합한' 혹은 '~방향으로' 라는 의미. '부적합한' 은 不向き

N + 向き

甘い物が好き？だったらこの店はあなた向きだ。

단 것 좋아해? 그러면 이 가게는 너한테 잘 맞는다.

初心者向きの日本語教材を探していますが…

초심자에게 적합한 일본어 교재를 찾고 있습니다만…

家を南向きに建てると暖かくていいと聞いた。

집을 남향으로 지으면 따뜻해서 좋다고 들었다.

だったら 그렇다면　初心者 초심자　教材 교재　探す 찾다　建てる 짓다

30. ~向け : ~를 위한
<small>む</small>

'~대상의'라는 의미. 이용할 대상을 미리 결정해 그에 맞춰 만든 물건, 상품을 주로 표현

N + 向け

🐷 最近は男性向けの化粧品もたくさん出ている。
<small>だんせい　　　　けしょうひん　　　　　　　　　　で</small>

요즘은 남성을 위한 화장품도 많이 나와 있다.

🙂 心がつらい時、よく子供向けの絵本を読みます。
<small>こころ　　　　とき　　　　こども　　　　えほん</small>

마음이 괴로울 때, 종종 아동용 그림책을 봅니다.

🧑 この車はA社が海外向けに出したモデルです。
<small>しゃ　かいがい</small>

이 자동차는 A사가 해외용으로 내놓은 모델입니다.

🐾 化粧品 화장품　つらい 괴롭다　絵本 그림책　海外 해외　モデル 모델

31. ~まま : ~한 채로, ~그대로

어떤 '상태'를 유지하면서 다른 행동을 하는 경우. 혹은 유지된 '상태'

> Vた형/Vない형/イAい/ナAな/Nの + まま

🎎 窓を開けた まま 寝たら風邪を引いてしまった。
창문을 열어 둔 채로 잤더니 감기에 걸리고 말았다.

_____

_____

👦 昨日はあまりにも疲れて化粧をした まま 寝た。
어제는 너무나 피곤해서 화장을 한 채로 잤다.

_____

_____

👦 久しぶりに会った友達は昔の まま だった。
오랜만에 만난 친구는 옛날 그대로였다.

_____

_____

🐾 風邪を引く 감기에 걸리다   疲れる 지치다, 피곤해지다   化粧 화장

32. ~っぱなし : ~한 채로

~たまま와 같은 의미이지만 어떤 '행동'을 계속한다는 의미로도 사용

Vます형 + っぱなし

雨なのに窓を開けっぱなしにして出かけてしまった。
비가 오는데 창문을 열어 놓은 채 외출하고 말았다.

_____

_____

部屋に本、服などを全部出しっぱなしにしていて汚い。
방에 책, 옷 등을 모두 꺼내 놓은 상태라 지저분하다.

_____

_____

今日、うちの子犬は家の中で走りっぱなしだった。
오늘 우리집 강아지는 집 안에서 계속 뛰어다녔다.

_____

_____

出かける 외출하다　部屋 방　服 옷　汚い 지저분하다　子犬 강아지

* 〜向き & 〜向け

형태가 비슷해서 혼동하기 쉽지만 〜向き는 〜에 적합하다, 〜에 어울린다는 상태나 특성을 표현하는 반면, 〜向け는 '의도적으로' 그 대상을 위해 만든 것을 의미합니다. 따라서 여성용 제품, 남성용 제품과 같이 여성이나 남성을 의식해서 만든 제품에는 向け를 사용합니다.

* 〜まま & 〜っぱなし

'〜한 상태를 그대로 유지한 채'라는 의미로 사용된다는 점은 동일하지만 〜っぱなし에는 '동작을 계속하다'라는 의미도 있다는 점이 다릅니다. 예를 들어 〜っぱなし는 走りっぱなし(계속 달리고 있다), 打ちっぱなし(계속 치고 있다)와 같이 동작을 의미하는 동사에 사용할 수 있지만 〜まま는 쓸 수 없습니다.

MEMO

33. ~ごとに : ~마다, ~할 때마다

숫자나 명사가 앞에 오면 '~마다', 동사가 앞에 오면 '~할 때마다'

V사전형/N + ごとに

毎朝、アラ-ムが5分ごとに鳴るようにセットしている。

매일 아침, 알람이 5분마다 울리도록 맞춰 놓고 있다.

_____

_____

この町は春になると家ごとに桜が咲いてきれいだ。

이 동네는 봄이 되면 집집마다 벚꽃이 펴서 예쁘다.

_____

_____

最近、会うごとに好きになる先輩がいる。

요즘 만날 때마다 좋아지는 선배가 있다.

_____

_____

毎朝 매일 아침   鳴る 울리다   桜 벚꽃   咲く (꽃이)피다   先輩 선배

70

34. ~おきに : ~걸러 한 번씩

~만큼의 간격을 두고 한 번씩. 앞에는 주로 시간·거리 등을 뜻하는 숫자

> N + おきに

今月から一日おきに日本語教室に通っている。

이번 달부터 하루걸러 한 번씩 일본어 교실에 가고 있다.

_____

_____

土曜日は1週間おきに友達とテニスをしています。

토요일은 한 주 걸러 한 번씩 친구와 테니스를 치고 있습니다.

_____

_____

この高速道路には30キロおきにサービスエリアがある。

이 고속도로는 30킬로 걸러 하나씩 휴게소가 있다.

_____

_____

テニスをする 테니스를 치다　高速道路 고속도로　サービスエリア 휴게소

71

35. ～に比べ(て) : ~와 비교하여

'~와 비교해서', 혹은 '~을 기준으로 보면 비교적'이라는 뜻

> N + に比べ(て)・に比べると

去年に比べて今年の夏はあまり暑くなかった。
작년에 비하여 올 여름은 별로 덥지 않았다.

_____

_____

このホテル、前に比べ施設もサービスもよくなった。
이 호텔, 이전보다 시설도 서비스도 좋아졌다.

_____

_____

彼は実際の年齢に比べてとても若く見える。
그는 실제 나이에 비해 굉장히 젊어 보인다.

_____

_____

施設 시설   実際 실제   年齢 연령, 나이   若い 젊다

72

36. ~わりに(は) : ~치고(는)

'~을 기준으로 생각/예상한 것과는 다르게'라는 의미

> V・イA보통형/ナA・N명사수식형 + わりに(は)

うちの親は年のわりにはまだ元気だ。
우리 부모님은 나이에 비해 아직 건강하다.

_____

_____

たった1年間勉強したわりには日本語が上手だ。
겨우 1년간 공부한 것 치고는 일본어를 잘한다.

_____

_____

あの店のラーメン、安いわりに味が悪くない。
저 가게의 라멘은 싼 가격에 비해 맛이 나쁘지 않다.

_____

_____

元気だ 건강하다　上手だ 잘하다　味 맛

73

* 〜ごとに & 〜おきに

10mごとに(10m 마다), 10mおきに(10m 걸러)는 같은 의미가 될 수 있지만 1年ごとに1回, 1年おきに1回의 경우는 의미가 달라집니다. 1年ごとには 1년마다, 즉 '매년'이라는 뜻이지만 1年おきには '1년 걸러'이기 때문에 올해 했으면 내년에는 안 하고 내후년에는 하는 상황으로 결국 '2년에 한 번'을 의미합니다.

* 〜に比べて & 〜わりには

한국어로는 둘 다 '~에 비해'라고 번역되는 경우가 많습니다. 단, ~に比べては '~와 비교해서'로서 양측을 단순 비교하거나 앞에 제시한 것을 기준으로 판단하는 것이고 ~わりには '~치고는 ~하다'로서 わりには 앞에 나온 단어를 보고 일반적으로 예상하는 내용, 모습과 달리 ~하다는 의미입니다.

MEMO

Chapter1 **Review**

1. **~てくる** : ~해 오다, ~해 지다

   昨日は父が帰りにチキンを買ってきた。

2. **~ていく** : ~해 가다

   雨が降りそうだから傘を持っていって。

3. **~ておく** : ~해 놓다, ~해 두다

   キムパプを作っておいたから明日持っていって。

4. **~てある** : ~해 있다, ~되어 있다

   テーブルの上にお金が置いてあるけど、誰のもの？

5. **~ようになる** : ~하게 되다(변화)

早く日本語が話せる<ruby>ようになり</ruby>たい。

6. **~ようにする** : ~하도록 하다(자발적 노력)

ダイエットのために甘<rt>あま</rt>いものは食べない<ruby>ようにして</ruby>いる。

7. **~ことになる** : ~하게 되다(결과)

来月から出社<rt>しゅっしゃ</rt>する<ruby>ことになった</ruby>。本当に嬉<rt>うれ</rt>しい！

8. **~ことにする** : ~하기로 하다(자발적 결정)

今年から毎日運動<rt>うんどう</rt>をする<ruby>ことにした</ruby>。

9. **~ほか(は)ない** : ~할 수밖에 없다

試験<rt>しけん</rt>が心配<rt>しんぱい</rt>なら最後<rt>さいご</rt>まで頑張<rt>がんば</rt>る<ruby>ほかない</ruby>。

10. **~そうにない** : ~할 것 같지 않다

明日から旅行なのに雨が止み<mark>そうにない</mark>。

---

11. **~ないことはない** : ~하지 않는 것은 아니다

JLPTは難しいが、合格でき<mark>ないことはない</mark>。

---

12. **~とは限らない** : ~라고 단정 지을 수는 없다

お金持ちになると幸せになる<mark>とは限らない</mark>。

---

13. **~ 中** : ~중(시간), ~안(장소)

<mark>今日中</mark>にお金を送らないと予約がキャンセルされる。

---

14. **~間** : ~동안, ~사이

日本にいる<mark>間</mark>はあちこち旅行したい。

---

15. **～にわたって** : ~동안 내내, ~에 걸쳐

今年はソウル全域にわたって雪が降る日が多かった。

ぜんいき　　　　　　　　　　　　ゆき　ふ

---

16. **～から～にかけて** : ~부터 ~에 걸쳐서

今日は朝から夜にかけて雨が降るらしい。

よる　　　　　　　ふ

---

17. **～ため(に)** : ~때문에

インフルエンザのために一週間も外に出られなかった。

いっしゅうかん　そと

---

18. **～をきっかけに** : ~을 계기로

日本のアニメをきっかけに日本語の勉強を始めた。

べんきょう

---

19. **～によって** : ~로 인해, ~에 따라

私の不注意によって子供がケガをしてしまった。

ふちゅうい

---

20. ~を通じて・~を通して : ~를 통해서

彼女とは韓国と日本の交流サイトを通じて知り合った。

---

21. ~について : ~에 대해

今週は日本語のアクセントについて勉強している。

---

22. ~に対して : ~에 대해, ~에 비해(대조)

韓国と日本では目上の人に対して敬語を使う。

---

23. ~に関して : ~에 관해

その件に関してはメールで報告します。

---

24. ~において : ~에 있어서, ~에서

人生において一番大事なのは何でしょうか。

---

25. **~ながら** : ~하면서

忙しい時はキムパプを食べながら仕事をすることもある。

---

26. **~ついでに** : ~하는 김에

引越しのついでに新しいテレビを買うことにした。

---

27 . **~とともに** : ~와 함께

風邪が治るとともに食欲も戻ってきた。

---

28. **~にしたがって** : ~에 따라서

世の中の変化にしたがって使う言葉も変わっていく。

---

29. **~向き** : ~에 적합한, ~쪽으로

甘い物が好き？だったらこの店はあなた向きだ。

30. **~向(む)け** : ~를 위한

最近(さいきん)は男性(だんせい)向(む)けの化粧品(けしょうひん)もたくさん出(で)ている。

---

31. **~まま** : ~한 채로

窓(まど)を開(あ)けたまま寝(ね)たら風邪(かぜ)を引(ひ)いてしまった。

---

32. **~っぱなし** : ~한 채로

雨(あめ)なのに窓(まど)を開(あ)けっぱなしにして出(で)かけてしまった。

---

33. **~ごとに** : ~마다, ~할 때마다

毎朝(まいあさ)、アラ-ムが5分(ふん)ごとに鳴(な)るようにセットしている。

---

34. **~おきに** : ~걸러 한 번씩

今月(こんげつ)から一日(いちにち)おきに日本語(にほんご)教室(きょうしつ)に通(かよ)っている。

---

35. ~に比べ(て) : ~와 비교하여

去年に比べて今年の夏はあまり暑くなかった。

---

36. ~わりに(は) : ~치고(는)

うちの親は年のわりにはまだ元気だ。

문장 끝에 붙이는 한 글자
'**よ, ね, さ, わ**'

외국어를 공부하다 보면 자연스럽게 우리나라 말의 좋은 점과 부족한 점을 느끼게 됩니다. 일본어를 공부하다 보면 우리말에 감정을 표현하는 형용사가 풍부하다는 걸 느끼게 되고, 반대로 일본어보다 논리적으로 설명하기 위한 문법적 요소나 표현은 다소 부족하다는 생각을 하게 됩니다.

대화할 때 느낌을 전달하는 '종결어미'도 그러한 것 중의 하나입니다. 우리말에서는 무언가를 강조하거나, 동의를 구하는 기분을 전달할 때 강조의 의미를 가진 부사를 추가하거나 억양으로 표현합니다.

하지만 일본어에서는 맨 끝에 글자 하나를 덧붙여서 내 의견을 말하는 것인지, 상대방이 모르는 정보를 알려주는지, 서로가 알고 있는 내용에 동의를 구하는지 표현합니다. 이러한 종결 어미는 익숙해지면 편하고 좋지만, 우리말에는 없는 것이기에 익숙해질 때까지는 어렵게 느껴집니다.

'**よ**'를 연발하면 상대방의 표정이 굳을 수도

우선 가장 많이 쓰는 것 중 하나인 **よ**는 상대방이 모르는 정보를 알려줄 때 사용합니다. 개인적인 대화에서도 아직 상대방이 모르고 있는 일을 처음 말할 때 よ를 붙이는 경우가 많습니다. 예를 들어 여행을 다녀온 후 "実は先週、京都に行ってきたよ(사실은 지난주에 교토에 다녀왔어)"라고 말하고 새로 산 책을 처음 보여 주면서 "これが今回買った本ですよ(이게 이번에 산 책이에요)"와 같이 말하기도 합니다.

또한 よ는 자신의 의견이나 주장을 강조할 때에도 쓰입니다. "掃除は私がやりますよ(청소는 제가 하겠습니다)", "そんな冷たいことを言うのはひどいですよ(그렇게 냉정한 말을 하는 건 너무하네요)"와 같이 내용을 강조하는 의미가 되기도 합니다

하지만, 이러한 よ는 기본적으로 '상대방이 모르는 정보를 알려주는' 의미이기 때문에 계속해서 よ를 연발하면 상대방에게 강요하는 느낌을 주거나, 심하면 상대방을 다소 무시하는 것처럼 오해받을 수 있으니 주의하는 것이 좋습니다.

가벼운 동의를 구하거나 공감하는 기분을 표현할 때는 'ね'

よ와 함께 또 하나 가장 많이 쓰는 것이 ね입니다. ね는 가벼운 동의를 구할 때, 상대방의 말에 공감할 때, 혹은 서로 알고 있는 내용을 확인하는 기분으로 말할 때 씁니다. 특히 상대방에게 실례되는 행동을 꺼리는 일본인들은 상대방의 기분을 확인하고 동의를 구하는 ね를 많이 사용합니다.

아침에 만났을 때 "今日は本当にいい天気ですね(오늘은 정말 날씨가 좋네요(그렇죠?))", "キム部長は調子が悪そうだね(김 부장

님은 컨디션이 안 좋은 것 같네(그렇지?))"와 같이 쓰입니다. 날씨가 좋은 것도. 김 부장님의 컨디션이 안 좋은 것도 이미 봐서 상대방과 나 둘 다 알고 있는 내용이기에 '너도 그렇게 생각하지?', '나도 그렇게 생각해'라는 느낌으로 말하는 것입니다.

그리고 "昨日、友達と会ったけどね(어제 친구랑 만났는데 말이야)"와 같이 새로운 화제를 꺼낼 때나 부드럽고 친근한 느낌을 주기 위해서도 사용합니다.

남자는 さ, 여자는 わ를 쓰기도

남자들은 よ, ね 대신 さ를 사용하기도 합니다. "先週、京都に行ってきたけどさ(지난주에 교토에 다녀왔는데 말이지)"와 같이 끝에 さ를 붙입니다. 요즘은 여자들도 さ를 쓰는 경우가 많아졌지만, 기본적으로는 남자들의 어휘입니다.

여성, 특히 다소 나이가 있는 여성이 종종 쓰는 것으로는 わ가 있습니다. "では、行ってくるわ(그럼 다녀올게)"와 같이 よ를 대신해서 わ를 쓰기도 합니다. 드라마 대사에서도 종종 들을 수 있습니다.

또한, 위에 말한 よ와 ね를 붙여서 そうですよね(정말 그렇네요)라고 말하기도 합니다. 자신도 그렇게 생각한다는 것을 강조하는 의미의 よ와 동의를 뜻하는 ね를 함께 사용한 것입니다.

여러 가지
의미가 있는 단어들

37. こと

(1) ~ことに : ~하게도

뒤에 나오는 내용에 대한 본인의 기분, 감정, 생각을 표현

> Vた형/イAい/ナAな + ことに

🎎 残念^{ざんねん}なことに、私が会いたかった友達^こは来られなかった。

안타깝게도 내가 만나고 싶었던 친구는 오지 못했다.

_____

_____

😛 ありがたいことに、父が迎^{むか}えに来てくれた。

고맙게도 아버지가 데리러 와 주었다.

_____

_____

😮 驚^{おどろ}いたことに、10位^いのサッカーチームが1位に勝^かった。

놀랍게도 10위의 축구팀이 1위에게 이겼다.

_____

_____

😊 残念だ 안타깝다 ありがたい 고맙다 迎えに来る 데리러 오다 驚く 놀라다 勝つ 이기다

(2) ～ことだ : ～하는 것이 좋다

～하는 것이 가장 낫다, ～해야 한다는 의미. 조언이나 가벼운 명령

> V사전형 / Vない형 + ことだ

日本語の漢字は毎日少しずつ覚える **ことだ**。
일본어의 한자는 매일 조금씩 외우는 것이 좋다.

_____

_____

頑張るのはいいけど無理はしない **ことだ**。
열심히 하는 것은 좋지만 무리는 하지 말아라.

_____

_____

知らないことは、聞く前にまず自分で調べる **ことだ**。
모르는 것은 묻기 전에 우선 스스로 찾아봐야 한다.

_____

_____

漢字 한자　覚える 외우다　無理 무리　まずは 우선은　調べる 조사하다, 찾아보다

(3) ~ことがある : 가끔 ~한다

자주는 아니지만 ~하는 경우가 있다. 부정기적인 행동이나 상황

> V사전형/Vない형 + ことがある・こともある

🎎 年に何回か出張で日本に行くことがあります。

1년에 몇 번쯤 출장으로 일본에 가는 일이 있습니다.

_____

_____

😊 たまに近所の友達と夜中までお酒を飲むこともある。

가끔 근처에 사는 친구와 밤늦게까지 술을 마시는 경우도 있다.

_____

_____

😊 夜中に目が覚めてなかなか眠れないことがある。

한밤중에 깨서 좀처럼 잠을 자지 못하는 때가 있다.

_____

_____

🐾 出張 출장   近所 근처   夜中 한밤중, 늦은 밤   目が覚める 잠이 깨다

90

(4) ~ことはない : ~할 필요는 없다

'굳이 ~하지 않아도 된다'라는 의미. 충고나 격려할 때 자주 사용

V사전형 + ことはない

簡単な手術だからそんなに心配することはない。
간단한 수술이니까 그렇게 걱정할 필요는 없다.

電話でも予約できるからわざわざ店に行くことはない。
전화로도 예약할 수 있으니까 일부러 가게에 가지 않아도 된다.

皆でやったことだからあなた一人で責任を取ることはない。
다 같이 한 일이니까 너 혼자서 책임을 질 필요는 없다.

簡単 간단　予約 예약　わざわざ 일부러　責任を取る 책임을 지다

38. ばかり

12일차

(1) ～ばかり : 약, ~정도

앞에 거리, 시간 등의 숫자가 오며 '대략'이라는 의미

> N + ばかり

🎎 10分ばかり待っていたらバスが来た。

약 10분 기다렸더니 버스가 왔다.

_____

_____

👤 今年の新入社員は30人ばかりになりそうだ。

올해의 신입사원은 30명 정도가 될 듯하다.

_____

_____

👤 ご飯の量が多くて半分ばかり残してしまった。

밥의 양이 많아서 절반 정도 남기고 말았다.

_____

_____

🐾 新入社員 신입사원   量 양, 분량   半分 절반   残す 남기다

(2) ~ばかりか : ~뿐만 아니라

뒤에 ~も, ~まで가 나와 '~뿐만 아니라 ~까지'의 형태로 자주 사용

> V・イA보통형/ナA・N명사수식형 + ばかりか(단, Nの -> N)

親は誕生日のプレゼント**ばかりか**小遣いまでくれた。
부모님은 생일 선물뿐만 아니라 용돈까지 주었다.

_____

_____

きれいな**ばかりか**頭もいい彼女がうらやましい。
예쁜 것뿐만 아니라 머리도 좋은 그녀가 부럽다.

_____

_____

この家は上から足音が聞こえる**ばかりか**寒い。
이 집은 위에서 발소리가 들릴 뿐만 아니라 춥다.

_____

_____

😊 誕生日 생일 小遣い 용도 頭 머리 うらやましい 부럽다 足音 발소리

93

(3) ~たばかりだ：방금 ~했다

~한 지 얼마 안 됐다. 어떤 행위 이후 얼마 지나지 않은 상황

> Vた형 + ばかりだ

ご飯を食べたばかりなのにまた何か食べたい。
방금 밥을 먹었는데 또 무언가 먹고 싶다.

_____

_____

到着したばかりだけど、あなたはどこにいる？
방금 도착했는데 너는 어디에 있어?

_____

_____

帰りに携帯を無くした。買ったばかりなのに。
귀갓길에 휴대폰을 잃어버렸다. 바로 얼마 전에 샀는데.

_____

_____

到着 도착　　携帯 휴대전화　　無くす 잃다, 잃어버리다

(4) ~てばかりいる : 내내 ~하고 있다

'계속 ~만 하고 있다'라는 의미로 부정적인 내용에 주로 사용

Vて형 + てばかりいる

うちの猫は昼も夜も寝てばかりいます。

우리 고양이는 낮에도 밤에도 계속 자기만 합니다.

何があったのか、娘が泣いてばかりいる。

무슨 일이 있었는지 딸이 내내 울고 있다.

座ってばかりいるのはさまざまな病気の原因になる。

계속 앉아만 있는 것은 여러 가지 병의 원인이 된다.

猫 고양이　さまざま 여러가지　病気 병, 질병　原因 원인

39. ほど

(1) ～ほど・ほどだ : ～(할) 정도

숫자와 쓰이면 '약 ～정도', 동사/형용사와 쓰면 '～할 정도'

V・イA보통형/ナA명사수식형/N + ほど・ほどだ

今日はピザとハンバーガーを飽_あきるほど食べた。

오늘은 피자와 햄버거를 질릴 정도로 먹었다.

_____

_____

「本を読んで」と耳_{みみ}が痛_{いた}いほど聞いたけど…

"책 읽어"라는 말을 귀가 아플 정도로 들었지만…

_____

_____

コンサートを見るために1時間ほど待_まった。

콘서트를 보기 위해서 1시간 정도 기다렸다.

_____

_____

🍡 飽きる 질리다   耳が痛いほど 귀가 아플 정도로

(2) ~ば～ほど : ~하면 ~할수록

ナAなら + ナAなほど, Nなら + Nであるほどの形態も使用

((V・イA ば形/ナA어간・N+であれば) + (V사전형/イAい/ナAな/Nである) + ほど)

日本語は勉強すれば勉強するほど難しく感じる。
일본어는 공부하면 공부할수록 어렵게 느껴진다.

_____

_____

人気の店だから予約は早ければ早いほどいい。
인기 있는 가게니까 예약은 빠르면 빠를수록 좋다.

_____

_____

野菜は新鮮なら新鮮なほど美味しい。
야채는 신선하면 신선할수록 맛있다.

_____

_____

難しい 어렵다　感じる 느끼다　人気 인기　野菜 야채　新鮮だ 신선하다

(3) ~ほど~ない : ~만큼 ~하지 않다

~에 비하면 ~하지 않다. 두 가지를 비교할 때 사용

V보통형/N + ほど ~ ない

日本語の発音は英語ほど難しくない。
일본어 발음은 영어만큼 어렵지 않다.

プサンはソウルほど人口が多くありません。
부산은 서울만큼 인구가 많지 않습니다.

ここは誰かに紹介するほど美味しくはない。
여기는 누군가에게 소개할 정도로 맛있지는 않다.

発音 발음　　英語 영어　　人口 인구　　紹介 소개

(4) ~ほど~はない : ~만큼 ~한 것은 없다

'~가 최고다'라는 것을 간접적으로 표현

> N + ほど ~はない

今まで これ<u>ほど</u>面白い映画は<u>なかった</u>。
지금까지 이 정도로 재미있는 영화는 없었다.

_____

_____

うちの学校に彼<u>ほど</u>歌が上手な人は<u>いない</u>。
우리 학교에 그 남자만큼 노래를 잘하는 사람은 없다.

_____

_____

日本<u>ほど</u>マナーやルールにこだわる国は<u>ない</u>だろう。
일본만큼 매너나 규칙을 중시하는 나라는 없을 것이다.

_____

_____

映画 영화　　歌 노래　　こだわる 중요시하다, 집착하다

99

40. いう

(1) ～という : ~라고 하는

설명하고자 하는 대상의 이름, 내용 등을 제시하거나 인용

> 인용문/N + という

👧 「君きみの名なは。」という日本のアニメを見ましたか。

'너의 이름은'이라는 일본 애니메이션 봤어요?

_____

_____

👦 韓国料理かんこくりょうりは、辛からいというイメージが強つよい。

한국요리는 '맵다'라는 이미지가 강하다.

_____

_____

👨 友達ともだちから「引越ひっこしを手伝てつだってほしい」という連絡れんらくが来た。

친구한테 "이사를 도와주면 좋겠다"라는 연락이 왔다.

_____

_____

😃 辛い 맵다   引越し 이사   手伝う 돕다   連絡 연락

(2) ～というのは : ~라는 것은

어떤 단어, 상황에 대해 정의를 내리거나 설명할 때 사용

인용문/N + というのは・とは

人生というのは長い旅のようなものだ。

인생이라는 것은 긴 여행과 같은 것이다.

_____

_____

「電話に出ない」というのはまだ寝ているという意味だ。

'전화를 안 받는다'라는 것은 아직 자고 있는 의미다.

_____

_____

「ポイ捨て」とは、指定されていない所にごみを捨てること。

'포이스테'란, 지정되지 않은 곳에 쓰레기를 버리는 것.

_____

_____

旅 여행　電話に出る 전화를 받다　意味 의미　指定 지정　ごみ 쓰레기

(3) ~というと : ~라고 하면

~에 대해 가장 대표적인 것, 혹은 ~로 인해 떠오른 이야기 등을 말할 때

> N + というと・いえば

韓国旅行というとやっぱり食べ物とショッピングでしょう。
한국여행이라고 하면 역시 음식이랑 쇼핑이죠.

日本を代表する山というと富士山、花というと桜！
일본을 대표하는 산이라면 후지산, 꽃이라면 벚꽃！

趣味といえば、昔からピアノを弾くのが好きだ。
취미라고 하면, 예전부터 피아노 치는 것을 좋아한다.

代表 대표　　趣味 취미　　ピアノを弾く 피아노를 치다

(4) ~ということだ : ~라고 한다

어떤 내용을 전달할 때 사용하는 딱딱한 표현. とのことだ도 사용

> 인용문 / V・イA・ナA・N 보통형 + ということだ

🎎 来年からは全国のバス代が上がる**ということだ**。
내년부터는 전국의 버스요금이 오른다고 한다.

_____

_____

🧑 彼は高校の時、水泳の選手だった**ということだ**。
그는 고등학교 때 수영 선수였다고 한다.

_____

_____

🧑 田中さんは「10分ほど遅くなる」**とのことです**。
다나카 씨는 "10분 정도 늦는다"고 합니다.

_____

_____

🐾 全国 전국　　バス代 버스요금　　上がる 오르다　　水泳 수영

41. する

(1) ～としたら : ～(라고) 한다면

상황을 가정하는 것으로 もし와 함께 쓰는 경우가 많음

> V・イA・ナA・N 보통형 + としたら・とすれば

🎎 もし結婚^{けっこん}するとしたら、どんな人としたい？

만약 결혼한다고 하면 어떤 사람과 하고 싶어?

_____

_____

👦 子供を殺^{ころ}したのが本当に親^{おや}だとしたら恐^{おそ}ろしい。

아이를 죽인 것이 정말 부모라고 하면 무섭다.

_____

_____

👦 プサンまで車で行くとすればどのくらいかかる？

부산까지 자동차로 간다고 하면 얼마나 걸려?

_____

_____

🐾 殺す 죽이다　　恐ろしい 무섭다, 두렵다　　かかる (시간이)걸리다

(2) ～としても : ～라고 하더라도

어떤 상황을 가정하고 그 뒤에 가정한 상황과 반대의 내용을 제시

> V・イA・ナA・N 보통형 + としても

あの歌手が結婚を？本当だとしても信じたくないよ。
그 가수가 결혼을? 사실이라고 해도 믿고 싶지 않아.

私が悪かったとしてもそこまで言うのはひどくない？
내가 잘못했다고 해도 그렇게까지 말하는 건 심하지 않아?

文法を覚えたとしても口で練習しないと会話はできない。
문법을 외웠다고 해도 입으로 연습하지 않으면 회화는 못한다.

🐾 信じる 믿다, 신뢰하다 ひどい 심하다 文法 문법 練習 연습 会話 회화

(3) ～にする : ～로 정하다

여러 가지 가운데 하나를 골라 '~로 결정하다'라고 말할 때

> N + にする

🎎 では、今度のミーティングはいつにしましょうか。
こんど
그럼, 다음번 미팅은 언제로 정할까요?

_____

_____

👨 送別会の場所は新しくできた焼肉屋にした。
そうべつかい ばしょ   やきにくや
송별회 장소는 새로 생긴 고깃집으로 정했다.

_____

_____

👨 「何を食べる？」「私はハンバーグステーキにする。」
"뭐 먹을래?" "나는 함박스테이크로 할래."

_____

_____

🎎 今度 다음 번   送別会 송별회   場所 장소   焼肉屋 고깃집

(4) ~ようとする：~하려고 하다

반대 의미로 '~하려고도 하지 않다'는 ようともしない를 사용

> V의지형 + とする・ともしない

🎎 家を出ようとした時、電話がかかってきた。

집에서 나가려고 했을 때 전화가 걸려 왔다.

_____

_____

👦 早く起きようとしたのにまた寝坊をしてしまった。

일찍 일어나려고 했는데 또 늦잠을 자고 말았다.

_____

_____

👦 弟は親のアドバイスを聞こうともしなかった。

남동생은 부모님의 조언을 들으려고도 하지 않았다.

_____

_____

🐾 起きる 일어나다　寝坊をする 늦잠을 자다　アドバイス 조언, 충고

107

42. たら

(1) ~たらいい : ~하면 좋다, ~하면 된다

주로 제안, 조언. 때로 체념, 비난의 뉘앙스가 되기도 함

V た형 + らいい

風邪の時は早く帰って休んだらいい。

감기일 때는 일찍 들어가서 쉬는 것이 좋다.

できないことは「できない」と言ったらいい。

할 수 없는 것은 "할 수 없다"라고 말하면 된다.

こんな時はどうしたらいいでしょうか。

이럴 때는 어떻게 하면 좋을까요?

風邪 감기   休む 쉬다   できる(出来る) 가능하다, 할 수 있다

108

(2) ~たらよかった : ~하면 좋았을 텐데

'~할 것을 그랬다'와 같은 의미로 지나간 일에 대한 후회, 아쉬움

Vた형/イA・ナA・N 과거형 + らよかった

昨日楽しかった？私も行ったらよかったな。
어제 재미있었어? 나도 갈 걸 그랬다.

チケットがもうちょっと安かったらよかったのに。
티켓이 조금 더 싸면 좋았을 텐데.

私があの女優のように美人だったらよかったな。
내가 저 여배우처럼 미인이었으면 좋았을 걸.

楽しい 즐겁다, 재미있다   女優 여배우   美人 미인

(3) ~たらどう？ ：~하는 게 어때?

~たら？라고 줄여서 말하기도 함. 제안이나 충고할 때 사용

> Vた형 + らどう？

ずっと我慢しないで病院に行ってみ<u>たらどう</u>？
계속 참지 말고 병원에 가보는 게 어때?

_____

_____

留学については先に親と相談し<u>たらどう</u>？
유학에 대해서는 먼저 부모님과 상의하는 게 어때?

_____

_____

今回の報告書、出す前に先輩に見せ<u>たら</u>？
이번 보고서, 내기 전에 선배한테 보여주는 게 어때?

_____

_____

我慢する 참다 病院 병원 留学 유학 先に 먼저 相談 상담 先輩 선배

(4) ~ようだったら : ~할 것 같으면

'~의 경우라면'과 같이 상황이나 조건을 예시. ようなら도 같은 의미

V사전형/Vない형/イAい/ナAな/Nの + ようだったら

遅くなる**ようだったら**電話して。
늦어질 것 같으면 전화해.

明日までできない**ようだったら**先に教えてね。
내일까지 안 될 것 같으면 미리 알려줘.

明日も天気が悪い**ようだったら**ピクニックは止めよう。
내일도 날씨가 안 좋으면 피크닉은 그만두자.

遅くなる 늦어지다　　天気が悪い 날씨가 안 좋다　　止める 그만두다

17일차

43. から

(1) ～からこそ : ～때문이야말로

から(～때문에)에 강조를 의미하는 こそ(～야말로)가 붙어
이유를 강조

> V・イA・ナA・N 보통형 + からこそ

🎎 つまらない日常_{にちじょう}があるからこそ休_{やす}みが楽しいのだ。

지루한 일상이 있기 때문이야말로 휴가가 즐거운 것이다.

_____

_____

😊 今回の旅行_{りょこう}は大変_{たいへん}だったからこそいい思_{おも}い出_でになった。

이번 여행은 힘들었기 때문이야말로 좋은 추억이 되었다.

_____

_____

😊 音楽_{おんがく}は好きだからこそ仕事_{しごと}にはしたくない。

음악은 좋아하기 때문에 더욱 일로는 하고 싶지 않다.

_____

_____

🐾 つまらない 지루하다, 시시하다   日常 일상   思い出 추억   音楽 음악

112

(2) からには : ~한 이상(에는)

'~했으면 꼭', '~라면 분명' 등 어떤 발언, 결정, 상황을 강조

> V 보통형 / N である + からには

🧒 自分で「やります」と言ったからには最後までやらなきゃ。

본인이 "하겠습니다"라고 말한 이상 끝까지 해야지.

_____

_____

🧒 留学をするからには現地で就職までしたい。

유학을 가는 이상에는 현지에서 취직까지 하고 싶다.

_____

_____

🧒 大人であるからには自分の行動に責任を取るべきだ。

성인이라면 자신의 행동에 책임을 져야 한다.

_____

_____

🐱 最後 최후, 마지막 留学 유학 現地 현지 就職 취직 責任を取る 책임을 지다

(3) ~てからでないと : ~한 다음이 아니면

부정적 조건. '~하고 나서가 아니면', 즉 '~하기 전에는'

> V て형 + からでないと

けんさ びょうき
検査してからでないと、どんな病気なのか分からない。
검사하기 전에는 어떤 병인지 알 수 없다.

_____

_____

かいいん か
会員になってからでないと本は借りられません。
회원이 된 다음이 아니면 책은 빌릴 수 없습니다.

_____

_____

みせいねんしゃ どうい え けっこん
未成年者は親の同意を得てからでないと結婚できない。
미성년자는 부모의 동의를 얻기 전에는 결혼할 수 없다.

_____

_____

検査 검사 会員 회원 借りる 빌리다 未成年者 미성년자 同意 동의 得る 얻다

(4) ～からすると ：～를 보면(근거)

～을 근거로 하여 판단하자면. からすれば, からして도 같은 의미

N + からすると

せんしゅ　　　ひょうじょう
選手たちの表情からすると、今日は勝ちそう。
선수들 표정을 보면 오늘은 이길 것 같다.

_____

_____

ふたり　せいかく
二人の性格からすると、あまり似合わないのに。
두 사람의 성격을 보면 그다지 어울리지 않는데.

_____

_____

ねんだい　くるま
デザインからして、これは1950年代の車のようだ。
디자인을 보면 이것은 1950년대의 자동차인 것 같다.

_____

_____

表情 표정　　性格 성격　　似合う 어울리다

44. だけ

(1) ～だけで : ~만으로

동사와 함께 쓰이면 '~하는 것만으로'. 한정된 조건을 표현

> V・イA 보통형/ナA 명사수식형/ N + だけで

ご飯はそれだけでいい？もうちょっと食べる？

밥은 그것만으로 괜찮아? 좀 더 먹을래?

けっこんしき
結婚式に来てくれただけでもありがたいよ。

결혼식에 와 준 것만으로도 고마워.

き   ふく
着てみたら？服は見るだけでは分からないから。

입어 보면 어때? 옷은 보는 것만으로는 알 수 없으니까.

結婚式 결혼식　ありがたい 고맙다　着る 입다　服 옷

(2) ~だけでなく : ~뿐만 아니라

뒤에 も, まで 등이 나와 '~뿐 아니라 ~까지'라는 형태로 자주 사용

```
V・イA보통형/ナA명사수식형/N + だけでなく
```

今日は傘だけでなく財布も忘れてきた。
오늘은 우산뿐 아니라 지갑도 놓고 왔다.

_____

_____

歌手のサインをもらっただけでなく握手までした。
가수의 사인을 받은 것뿐만 아니라 악수까지 했다.

_____

_____

「居眠り運転」は迷惑なだけでなく危険だ。
'졸음운전'은 민폐일 뿐 아니라 위험하다.

_____

_____

歌手 가수   握手 악수   居眠り 졸음   迷惑 민폐   危険だ 위험하다

117

45. ところ

(1) ~ところに : ~했을 때에

~할(했을) 때 마침 무언가 다른 일이 생긴 상황에 주로 사용

> V보통형/イAい + ところに

🎎 ちょうど宿題が終わったところにドラマが始まった。
마침 숙제가 끝났을 때 드라마가 시작했다.

_____

_____

👦 ちょうどいいところに友達が手伝いに来てくれた。
딱 좋은 상황에 친구가 도와주러 와 주었다.

_____

_____

👦 学校から帰ってきたところに宅配便が来た。
학교에서 집에 돌아왔을 때 택배가 왔다.

_____

_____

🐾 宿題 숙제   ちょうど 딱, 알맞게   手伝う 돕다   宅配便 택배

(2) ~たところ : 방금 ~한

무언가의 행동이 끝나고 시간이 얼마 지나지 않은 상황

Vた형 + ところ

🎎 「何をしていた？」「ご飯を食べたところだよ。」

"뭐하고 있었어?" "방금 밥 먹었어."

_____

_____

👦 今出発したところだから、後30分くらいはかかる。

지금 막 출발했으니까 앞으로 30분 정도는 걸린다.

_____

_____

👩 あら、今あなたについて話していたところよ。

어머, 지금 너에 대한 이야기를 하던 참이었어.

_____

_____

👀 出発 출발 後(+시간) 앞으로~, 지금부터~ かかる (시간이) 걸리다 話す 이야기하다

46. はず

(1) 〜はずだ : 분명히 〜일 것이다

경험, 정보 등에 근거한 강한 추측이나 확신

V・イ A 보통형/ナ A・N 명사수식형 + はずだ

若（わか）い時（とき）の苦労（くろう）はいつか必（かなら）ず役立（やくだ）つ**はずだ**。

젊은 시절의 고생은 언젠가 꼭 도움이 될 것이다.

_____

_____

彼（かれ）は真面目（まじめ）だから成績（せいせき）がいい**はずだ**。

그는 성실하니까 분명 성적이 좋을 것이다.

_____

_____

母（はは）は出（で）かけると言（い）ったから家（いえ）にいない**はずだ**。

엄마는 외출한다고 했으니 집에 분명 없을 것이다.

_____

_____

苦労 고생　必ず 꼭, 반드시　役立つ 도움이 되다　成績 성적

(2) ～はずがない : ～할 리가 없다

정보, 경험을 바탕으로 한 강한 '부정적' 추측이나 확신

> V・イA 보통형/ナA・N 명사수식형 + はずがない

🧒 親友のAが私の悪口を言ったはずがない。
절친한 친구 A가 내 험담을 했을 리가 없다.

_____

_____

🧒 何日前に買った野菜が新鮮なはずがない。
몇 일 전에 산 야채가 신선할 리가 없다.

_____

_____

🧒 彼はアリバイがあるので、犯人のはずがない。
그는 알리바이가 있으니까 범인일 리가 없다.

_____

_____

👤 親友 친한 친구　　悪口を言う 험담을 하다, 욕하다　　犯人 범인

121

47. もの

(1) ~ものか : ~하겠냐? (절대 안 한다)

반문의 형태로 강한 반발, 부정을 표현. 구어체로 もんか도 사용

> V·イA보통형/ナA·N명사수식형 + ものか(단, Nの→Nな)

私があんなやつに負ける**ものか**。

내가 저런 녀석한테 지겠냐?(절대 지지 않는다)

_____

_____

ケチの社長が食事代を出してくれる**もんか**。

구두쇠인 사장이 식사비를 내 줄 리가 있나.

_____

_____

いきなり会社を首になったのに平気な**もんか**。

갑자기 회사에서 해고를 당했는데 괜찮을 리가 있겠나.

_____

_____

やつ 녀석,놈　負ける 지다　ケチ 구두쇠　食事代 식사요금　首になる 해고당하다

(2) ～もの(もん)：~하거든

~한다고, ~인 걸 등. 무언가의 이유를 다소 어리광부리며 말하는 회화체

> V・イA・ナA・N 보통형 + もの(もん)

「あなた、まだ寝ているの?」「昨日から風邪だもん。」
"너, 아직도 자고 있어?" "어제부터 감기라고."

_____

_____

「食べないの?」「辛いものは嫌いだもん。」
"안 먹어?" "매운 거는 싫어한다고."

_____

_____

会社の飲み会は行きたくないもの。
회사의 회식은 가고 싶지 않거든.

_____

_____

嫌いだ 싫어하다   飲み会 회식, 술자리

123

Chapter2 **Review**

37. こと

(1) **~ことに** : ~하게도

<ruby>残念<rt>ざんねん</rt></ruby>な ことに、私が会いたかった<ruby>友達<rt>とも</rt></ruby>は<ruby>来<rt>こ</rt></ruby>られなかった。

(2) **~ことだ** : ~하는 것이 좋다

<ruby>日本語<rt></rt></ruby>の<ruby>漢字<rt>かんじ</rt></ruby>は<ruby>毎日<rt></rt></ruby>少しずつ<ruby>覚<rt>おぼ</rt></ruby>える ことだ。

(3) **~ことがある** : 가끔 ~한다

<ruby>年<rt>ねん</rt></ruby>に<ruby>何回<rt>なんかい</rt></ruby>か<ruby>出張<rt>しゅっちょう</rt></ruby>で<ruby>日本<rt></rt></ruby>に行く ことがあります。

(4) **~ことはない** : ~할 필요는 없다

<ruby>簡単<rt>かんたん</rt></ruby>な<ruby>手術<rt>しゅじゅつ</rt></ruby>だからそんなに<ruby>心配<rt>しんぱい</rt></ruby>する ことはない。

38. ばかり

(1) ~ばかり：약, ~정도

10分ばかり待っていたらバスが来た。

---

(2) ~ばかりか：~뿐만 아니라

親は誕生日のプレゼントばかりか小遣いまでくれた。

---

(3) ~たばかりだ：방금 ~했다

ご飯を食べたばかりなのにまた何か食べたい。

---

(4) ~てばかりいる：내내 ~하고 있다

うちの猫は昼も夜も寝てばかりいます。

39. ほど

(1) **~ほど・ほどだ** : ~(할) 정도

今日はピザとハンバーガーを飽_あきる<mark>ほど</mark>食べた。

(2) **~ば~ほど** : ~하면 ~할수록

日本語は勉強すれ<mark>ば</mark>勉強する<mark>ほど</mark>難_{むずか}しく感_{かん}じる。

(3) **~ほど~ない** : ~만큼 ~하지 않다

日本語の発音_{はつおん}は英語_{えいご}<mark>ほど</mark>難_{むずか}しく<mark>ない</mark>。

(4) **~ほど~はない** : ~만큼 ~한 것은 없다

今までこれ<mark>ほど</mark>面白_{おもしろ}い映画_{えいが}は<mark>なかった</mark>。

40. いう

(1) **〜という** : 〜라고 하는

「君の名は。」という日本のアニメを見ましたか。

---

(2) **〜というのは** : 〜라는 것은

人生というのは長い旅のようなものだ。

---

(3) **〜というと** : 〜라고 하면

韓国旅行というとやっぱり食べ物とショッピングでしょう。

---

(4) **〜ということだ** : 〜라고 한다

来年からは全国のバス代が上がるということだ。

41. **する**

(1) **~としたら** : ~(라고) 한다면

もし結婚する<mark>としたら</mark>、どんな人としたい？

---

(2) **~としても** : ~ 라고 하더라도

あの歌手が結婚を？本当だ<mark>としても</mark>信じたくないよ。

---

(3) **~にする** : ~ 로 정하다

では、今度のミーティングはいつ<mark>にしましょうか</mark>。

---

(4) **~ようとする** : ~ 하려고 하다

家を出<mark>ようとした</mark>時、電話がかかってきた。

---

42. たら

(1) **~たらいい** : ~하면 좋다, ~하면 된다

風邪の時は早く帰って休んだらいい。

(2) **~たらよかった** : ~하면 좋았을 텐데

昨日楽しかった？私も行ったらよかったな。

(3) **~たらどう？** : ~하는 게 어때?

ずっと我慢しないで病院に行ってみたらどう？

(4) **~ようだったら** : ~할 것 같으면

遅くなるようだったら電話して。

43. から

(1) **~からこそ** : ~때문이야말로

つまらない日常があるからこそ休みが楽しいのだ。

(2) **~からには** : ~한 이상(에는)

自分で「やります」と言ったからには最後までやらなきゃ。

(3) **~てからでないと** : ~한 다음이 아니면

検査してからでないと、どんな病気なのか分からない。

(4) **~からすると** : ~를 보면(근거)

選手たちの表情からすると、今日は勝ちそう。

44. だけ

(1) **～だけで** : ~만으로

ご飯はそれだけでいい？もうちょっと食べる？

---

(2) **～だけでなく** : ~뿐만 아니라

今日は傘_{かさ}だけでなく財布_{さいふ}も忘_{わす}れてきた。

---

45. ところ

(1) **～ところに** : ~했을 때에

ちょうど宿題_{しゅくだい}が終_おわったところにドラマが始_{はじ}まった。

---

(2) **～たところ** : 방금 ~한

「何をしていた？」「ご飯を食べたところだよ。」

---

46. はず

(1) **~はずだ** : 분명히 ~일 것이다

<ruby>若<rt>わか</rt></ruby>い<ruby>時<rt></rt></ruby>の<ruby>苦労<rt>くろう</rt></ruby>はいつか<ruby>必<rt>かなら</rt></ruby>ず<ruby>役立<rt>やくだ</rt></ruby>つはずだ。

---

(2) **~はずがない** : ~할 리가 없다

<ruby>親友<rt>しんゆう</rt></ruby>のAが<ruby>私<rt></rt></ruby>の<ruby>悪口<rt>わるくち</rt></ruby>を<ruby>言<rt></rt></ruby>ったはずがない。

---

47. もの

(1) **~ものか** : ~하겠냐? (절대 안 한다)

<ruby>私<rt></rt></ruby>があんなやつに<ruby>負<rt>ま</rt></ruby>けるものか。

---

(2) **~もの(もん)** : ~하거든

「あなた、まだ<ruby>寝<rt></rt></ruby>ているの?」「<ruby>昨日<rt></rt></ruby>から<ruby>風邪<rt>かぜ</rt></ruby>だもん。」

MEMO

 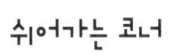

일본어 경어는 누구한테,
어떻게 써야 할까?

일본어는 우리말보다 겸양어, 존경어가 발달해 있습니다. 그만큼 복잡하고 어렵지요. 하지만, 나름의 규칙이 있어서 자꾸 쓰다 보면 익숙해질 수 있습니다.

겸양어

자기 자신을 낮춰서 표현하는 말입니다. 우리말에서 윗사람에게 자기 자신을 지칭할 때는 '나'가 아니라 '저' 혹은 '제가'라는 말을, 윗사람에게 무언가를 줄 때는 '드린다'라는 동사를 씁니다. 이렇게 자기 자신을 낮추는 표현을 겸양어라고 하는데 일본어에는 한국어에 없는 겸양어가 많아 한국어로 번역할 수 없거나 번역할 때 주어를 바꿔야 하는 경우가 종종 있습니다.

정중어

자신과 같은 지위이거나 가깝지 않은 사람들에게 쓰는 일반적인 존댓말입니다. 일본어를 처음 배울 때 나오는 ～ます, ～です문체가 정중어에 해당합니다. 가장 약한 수준의 존대 표현이라고 할 수 있습니다.

존경어

상대방을, 혹은 상대방이 하는 행동을 높여서 표현하는 말입니다. 우리말에서 윗사람에게 '분'(그분, 어떤 분)이라고 하고 윗사람이 무언가를 먹는 것을 말할 때 '드신다'라는 동사를 씁니다. 이처럼 상대방을 높여 부르거나, 행동을 높여서 표현하는 말을 존경어라고 합니다.

미화어

존경, 겸양의 의미로 명사 앞에 붙이는 お 혹은 ご를 말합니다. 고유 일본어 앞에는 お를, 한자어 앞에는 ご를 붙이는 것이 원칙이지만, 자주 쓰는 한자어들은 예외적으로 ご가 아니라 お를 붙여서 쓰는 경우가 많습니다.

고유어(훈독으로 읽는 말)

話(はなし)、住まい(すまい) → お話、お住まい

한자어(음독으로 읽는 말)

連絡(れんらく)、両親(りょうしん) → ご連絡、ご両親

예외 : 한자어인데도 주로 ご가 아닌 お를 붙여서 쓰는 것

(1) 자주 쓰는 말 : お電話(전화)、お返事(답장)、お話(이야기)、
　　　　　　　　お財布(지갑) 등

(2) 하나의 단어처럼 사용 : ご飯(밥, 식사)、お茶(차)、
　　　　　　　　お菓子(과자)、お弁当(도시락) 등

겸양어를 사용하는 대상은?

일본어의 겸양어, 정중어, 존경어를 실제로 사용할 때 한국과 가장 다른 부분은 겸양어를 쓰는 대상입니다. 나와 상대방의 1대 1 관계에서 나이, 직급에 따라 겸양어, 존경어를 사용하는 것은 한국과 동일하지만, 일본에서는 외부 사람에게 자신이 속한 단체, 혹은 그에 속한 사람에 관해 이야기할 때에도 겸양어를 사용한다는 점이 다릅니다.

회사 내에서 윗사람에게는 한국과 마찬가지로 정중어·존경어를, 자신에 관해 이야기할 때는 겸양어를 사용합니다. 단, 한국에서는 외부 사람에게 자기 회사의 사장님을 이야기할 때도 "저희 사장님이 ~"와 같이 '님'을 붙여서 쓰지만, 일본에서는 외부 사람에게 자신뿐만이 아니라 자신이 속한 단체나 동료는 모두 낮춰서 표현합니다. 따라서 외부 사람에게 말할 때는 '사장님'이라고 하지 않고 이름만 말합니다. 예를 들어 사장님 이름이 다나카라면 "다나카 사장님은 ~"이라고 하지 않고 "다나카는 지금 잠시 자리를 비웠습니다만~"이라고 합니다.

이러한 겸양어 사용 규칙은 회사뿐만 아니라 자신의 가족을 비롯하여 자신이 속한 단체나 소속원을 그 단체에 속해 있지 않은 사람에게 표현할 때 모두 적용됩니다. 한국의 정중어/존경어, 겸양어와 가장 큰 차이점이라고 할 수 있습니다.

※ 주의! 윗사람에게 무언가 "해 드릴까요"라는 말을 하고 싶을 때 "～してあげましょうか"라는 표현은 쓰지 않습니다. 이것은 あげる라는 단어가 자신과 동등한 관계나 아랫사람에게 쓰는 표현이기 때문입니다. 이러한 상황에서는 "제가 ～ 할까요?"라는 표현을 씁니다. "私が持ちましょうか"(제가 들까요?) 혹은 "私が持ちます"(제가 들겠습니다)라고 말해야 합니다.

MEMO

Chapter

3

다양한 표현들, 어휘력 늘리기

48. ~にとって : ~에게 있어

'~의 관점이나 입장에서 생각하면'이라는 의미로 사용

N + にとって

私にとって一番大事なのは家族です。

제게 있어서 가장 중요한 것은 가족입니다.

_____

_____

彼女にとっては彼が初めての彼氏だったそうだ。

그녀에게 있어서는 그가 첫 번째 남자친구였다고 한다.

_____

_____

残業は会社にとっても社員にとっても負担になる。

잔업은 회사에 있어서도 사원에게 있어서도 부담이 된다.

_____

_____

大事だ 소중하다　残業 잔업, 추가근무　社員 사원　負担 부담

49. ～として : ~로서

자격, 지위, 용도 등을 나타내는 것으로서 강조의 느낌

> N + として

韓国のチェジュ島はみかんの産地として有名だ。
한국 제주도는 귤의 산지로서 유명하다.

_____

_____

これは傘としても、日傘としても使えるものだ。
이것은 우산으로서도, 양산으로서도 쓸 수 있는 것이다.

_____

_____

バイクが好きですか。女性としては珍しいですね。
오토바이를 좋아하세요? 여성으로서는 특이하네요.

_____

_____

🐾 みかん 귤　産地 생산지　日傘 양산　珍しい 드물다, 특이하다

50. 〜くせに : ~인 주제에(비난)

상대방에 대한 비난, 불만, 반발심 등을 표현

V・イA 보통형/ナA・N명사수식형 + くせに

「女の**くせに**」、「男の**くせに**」と言うのは時代遅れだ。

"여자 주제에", "남자 주제에"라고 말하는 것은 시대에 뒤떨어진다.

_____

_____

自分も下手な**くせに**他人の歌についてつべこべ言う。

본인도 잘 못 하는 주제에 다른 사람 노래에 대해 이러쿵저러쿵 한다.

_____

_____

ちっとも手伝ってくれない**くせに**料理に文句を言う。

조금도 도와주지 않으면서 요리에 불평을 한다.

_____

_____

時代遅れ 시대에 뒤떨어짐　つべこべ 이러쿵저러쿵　文句 불평, 불만

51. **なんか** : ~같은 것, ~따위

단순 예시, 혹은 무시하거나 싫어하는 감정을 표현

> V て형/イ A く/ナ A で/ N + なんか

あなた**なんか**もう嫌だ。別れよう。

너 따위 이제는 싫다. 헤어지자.

_____

_____

少し寂しいけど、泣いて**なんか**ないよ。

조금 쓸쓸하지만 울고 있거나 하진 않아.

_____

_____

バイトを探しているの？コンビニ**なんか**はどう？

아르바이트 찾고 있어? 편의점 같은 건 어때?

_____

_____

😺 嫌だ 싫다　　別れる 헤어지다　　寂しい 쓸쓸하다, 외롭다

52. ～代わり(に) : ～대신에

무언가를 대신하여 다른 물건 혹은 행동 등을 취하는 경우

> V・イA 보통형/ナA명사수식형/Nの + 代わりに

今朝はご飯の代わりにパンを食べた。
오늘 아침은 밥 대신에 빵을 먹었다.

_____

_____

今の会社は給料が高い代わりに残業が多い。
지금 (다니는) 회사는 월급이 많은 대신 야근이 많다.

_____

_____

あの犬は飼い主を救った代わりに命を失った。
그 개는 주인을 구한 대신 목숨을 잃었다.

_____

_____

今朝 오늘아침　給料 월급　残業 잔업,추가근무　飼い主 동물의주인　救う 구하다　失う 잃다

144

53. ~をもとに : ~을 바탕으로

~을 소재, 근거로 하여. 또는 '~에서 힌트를 얻어'라는 의미

> N + をもとに(して)

今までの経験をもとに小説を書いている。
지금까지의 경험을 바탕으로 소설을 쓰고 있다.

_____

_____

これは古い写真をもとにして描いた絵だ。
이것은 낡은 사진을 토대로 그린 그림이다.

_____

_____

アンケートの結果をもとに報告書を書きました。
앙케트 결과를 바탕으로 보고서를 썼습니다.

_____

_____

経験 경험 小説 소설 写真 사진 描く (그림을)그리다 絵 그림 結果 결과

54. ~を中心に : ~을 중심으로

~에 초점을 맞추어. ~を中心にして, ~を中心として도 사용

> N + を中心に

ヨーロッパを中心にテロが相次いでいる。
유럽을 중심으로 테러가 잇따르고 있다.

_____

_____

この家はリビングを中心に四つの部屋があります。
이 집은 거실을 중심으로 4개의 방이 있습니다.

_____

_____

担当者は事業内容を中心にして会社を紹介した。
담당자는 사업 내용을 중심으로 하여 회사를 소개했다.

_____

_____

☸ 相次ぐ 잇따르다   担当者 담당자   事業 사업   内容 내용

55. ~を込めて : ~을 담아

주로 정성, 사랑, 성의 등 마음에 관련된 단어와 사용

> N + 込めて

🎎 愛を込めてバレンタインデーのチョコを作った。
사랑을 담아 발렌타인데이의 초콜릿을 만들었다.

👦 友達の結婚式で心を込めて歌を歌った。
친구의 결혼식에서 마음을 담아 노래를 불렀다.

👨 感謝の気持ちを込めてプレゼントを準備した。
감사의 마음을 담아 선물을 준비했다.

🐾 チョコ 초콜릿　歌う 노래를 부르다　感謝 감사　準備 준비

56. ~てしょうがない : 너무 ~하다

'너무 ~해서 참을 수가 없다'라는 강한 감정을 표현

Vて형/イAくて/ナAで + しょうがない

最近(さいきん)は日本に行きたく**てしょうがない**。

요즘은 일본에 너무 가고 싶다.

_____

_____

風邪(かぜ)を引(ひ)いたのか、眠(ねむ)く**てしょうがない**。

감기에 걸린 것인지, 너무 졸립다.

_____

_____

可愛(かわい)く**てしょうがない**娘(むすめ)が小学校(しょうがっこう)に入学(にゅうがく)した。

너무나 귀여운 딸아이가 초등학교에 입학했다.

_____

_____

🐾 眠い 졸립다　可愛い 귀엽다　小学校 초등학교

57. ~ような気_きがする : ~같은 느낌이 든다

~같은 생각이 들다, 예감이 들다 등 막연한 느낌을 표현

> V・イA보통형/ナA・N명사수식형 + ような気がする

今のあなたの気持_{き も}ちが分かる**ような気がする**。
지금의 네 기분을 알 것 같은 느낌이 든다.

_____

_____

私が悪かった**ような気がする**。でも謝_{あやま}りたくない。
내가 나빴던 것 같은 기분이 들어. 하지만 사과하고 싶지 않아.

_____

_____

これからあの人と会_あえなくなり**ような気がする**。
앞으로 그 사람과 만나지 못하게 될 것 같은 느낌이 든다.

_____

_____

謝る 사과하다, 사죄하다   これから 앞으로

149

58. ~てもかまわない : ~해도 괜찮다

~해도 개의치 않는다, 상관없다, 문제없다 등의 의미

> Vて형/イAくて/ナAで/Nで + もかまわない

明日は暇(ひま)なのでいつ来てもかまわない。
내일은 한가하니까 언제 와도 괜찮다.

_____

_____

本当(ほんとう)にいいものなら高くてもかまわない。
정말 좋은 물건이면 비싸도 상관없다.

_____

_____

遅(おそ)い時間でもかまわないから電話(でんわ)してね。
늦은 시간이라도 괜찮으니까 전화해.

_____

_____

暇だ 한가하다, 여유가 있다   遅い 늦은

59. ~ふりをする : ~인 척을 하다

실제로는 ~하지 않은데 ~한 것처럼 행동하는 모습

V・イA보통형/ナA・N명사수식형 + ふりをする

何でも知っている **ふりをする** 人は嫌いだ。

무엇이든 다 알고 있는 척하는 사람은 싫다.

彼は私の声が聞こえない **ふりをして** いる。

그는 내 목소리가 안 들리는 척하고 있다.

平気な **ふりをして** いたが実はとても怖かった。

괜찮은 척하고 있었지만, 사실은 굉장히 무서웠다.

聞こえる 들리다　平気だ 괜찮다, 아무렇지도 않다　実は 사실은

60. たとえ〜ても : 만약 ~라도

예를 들어 ~라고 하더라도. 어떤 상황을 가정할 때

たとえ + (Vて형/イAくて/ナAで/Nで) + も

たとえそれが本当だとしても、他の人には言わないで。

만약 그것이 정말이라고 해도 다른 사람한테는 말하지 마라.

_____

_____

たとえ宝くじに当たっても今の生活を変えたくはない。

만약 복권에 당첨되더라도 지금의 생활을 바꾸고 싶지는 않다.

_____

_____

たとえ家族が反対しても必ず日本に行くつもりです。

만약 가족들이 반대하더라도 꼭 일본에 갈 생각입니다.

_____

_____

宝くじ 복권　　生活 생활　　反対 반대　　~つもりだ ~할 생각이다

61. どんなに〜ても : 아무리 ~해도

정도가 매우 심한 상황을 가정. どんなに 대신 いくら도 사용

> どんなに + (Vて형/イAくて/ナAで/Nで) + も

🧒 どんなに大変^{たいへん}なことがあっても諦^{あきら}めたくない。

아무리 힘든 일이 있어도 포기하고 싶지 않다.

_____

_____

👦 どんなに暑^{あつ}くてもエアコンをつけないお祖母^{ばあ}さん。

아무리 더워도 에어컨을 켜지 않는 할머니.

_____

_____

👨 いくら練習^{れんしゅう}してもあの選手^{せんしゅ}には勝^かてないだろう。

아무리 연습을 해도 저 선수한테는 이기지 못하겠지.

_____

_____

🐾 大変だ 힘들다   諦める 포기하다   練習する 연습하다

62. べつに～ない : 특별히 ~하지 않다

딱히 ~하지 않다, 별로 ~하지 않다. 한자 別に로 쓰기도 함

> べつに + (Vない형/イAく/ナAでは/Nでは) + ない

肉はべつに嫌いではないけど、あまり食べない。
고기는 특별히 싫어하는 것은 아니지만 별로 먹지 않는다.

今日、雪は降っているけどべつに寒くないよ。
오늘 눈은 내리고 있지만 별로 춥지 않아.

スポーツは好きだけど、別に見に行きたくはない。
스포츠는 좋아하지만 딱히 보러 가고 싶지는 않다.

嫌いだ 싫어하다   あまり 별로, 그다지

63. どうせ~から : 어차피 ~이니까

결국 ~일 테니까. 주로 부정적 추측. 뒤에는 주로 의지, 충고, 권유 등

> どうせ + (~V・イA・ナA・N 보통형) + から

どうせ私は使わない**から**持っていってもいいよ。

어차피 나는 쓰지 않으니까 갖고 가도 괜찮아.

_____

_____

あなたは**どうせ**合格だ**から**心配しないで。

너는 어차피 합격이니까 걱정하지 마라.

_____

_____

どうせ私の話は信じてくれない**から**言いたくない。

어차피 내 말은 믿어 주지 않으니까 말하고 싶지 않다.

_____

_____

どうせ 어차피   合格 합격   心配 걱정   信じる 믿다

155

64. ~だらけ : ~투성이

'~으로 가득하다'라는 의미로 주로 부정적인 내용에 사용

N + だらけ

おとうと へ や
弟の部屋はいつもほこりだらけだった。

남동생의 방은 언제나 먼지투성이였다.

_____

_____

まちが　　　　　　　　　　にほんご　　　　なお
間違いだらけの私の日本語。早く直したい。

틀린 곳 투성이인 내 일본어. 빨리 고치고 싶다.

_____

_____

けいたい　なんかい　お　　　　　きず
携帯を何回も落として傷だらけになりました。

휴대폰을 몇 번이나 떨어트려서 흠집투성이가 되었어요.

_____

_____

🐾 ほこり 먼지　間違い 틀린 것, 실수　直す 고치다　落とす 떨어트리다　傷 상처, 흠집

65. ~はもちろん : ~은 물론

당연하다는 의미. '~은 물론 ~까지' 의 형태로 자주 사용

N + はもちろん

JLPTのために文法<ruby>文法<rt>ぶんぽう</rt></ruby>はもちろん漢字<ruby>漢字<rt>かんじ</rt></ruby>も勉強<ruby>勉強<rt>べんきょう</rt></ruby>しています。

JLPT를 위해서 문법은 물론이고 한자도 공부하고 있어요.

この作家<ruby>作家<rt>さっか</rt></ruby>は韓国はもちろん日本でも人気<ruby>人気<rt>にんき</rt></ruby>だ。

이 작가는 한국은 물론이고 일본에서도 인기다.

今月<ruby>今月<rt>こんげつ</rt></ruby>は平日<ruby>平日<rt>へいじつ</rt></ruby>はもちろん週末<ruby>週末<rt>しゅうまつ</rt></ruby>も仕事で忙しかった。

이번 달은 평일은 물론이고 주말도 일하느라 바빴다.

文法 문법　　漢字 한자　　作家 작가　　平日 (주말이 아닌) 평일

66. ~たびに : ~할 때마다

~한 상황이 되면 언제나. 변함없이 반복되는 상황

V사전형/Nの + たびに

この映画は見る**たびに**涙が出る。

이 영화는 볼 때마다 눈물이 난다.

彼女は最近会う**たびに**もっとやせている。

그녀는 최근 만날 때마다 더 살이 빠져 있다.

子供の頃、父は出張の**たびに**お土産を買ってきた。

어릴 때 아버지는 출장을 갈 때마다 기념품을 사 왔다.

😊 涙が出る 눈물이 나다　　やせる 살이 빠지다　　お土産 기념선물

67. ~通り : ~(하는)대로

동사와 쓰이면 ~하는 대로, 명사와 쓰이면 ~대로

V사전형/Vた형/N(の) + とおり (N+通り일 때는 どおり로 읽음)

最近、仕事が思う通りにならない。
요즘 일이 생각하는 대로 되지 않는다.

昨日言った通りに今日は映画を見に行くつもりだ。
어제 말한 대로 오늘은 영화를 보러 갈 생각이다.

午後から雪が降ってきた。天気予報通りだった。
오후부터 눈이 오기 시작했다. 일기예보대로였다.

映画 영화　雪 눈　天気 날씨　予報 예보

68. ~得る : ~할 수(도) 있다

'~할 가능성이 있다'라는 의미. 得ます는 えます로 읽음

> V ます형 + 得る

🎎 別れたカップルがよりを戻すこともあり得る。

헤어졌던 커플이 다시 사귀는 일도 있을 수 있다.

👦 事故はどこでも起こり得ることだから気をつけて。

사고는 어디서든 일어날 수 있는 것이니 조심해.

👧 内容によっては軽い冗談もセクハラになり得ます。

내용에 따라서는 가벼운 농담도 성희롱이 될 수 있습니다.

🐾 よりを戻す 다시 사귀다, 재결합하다 起こる 일어나다 冗談 농담 セクハラ 성희롱

69. ~きる : 끝까지 다 ~하다

완전히 ~하다, 전부 ~하다. 끝까지 '~할 수 있다'는 ~きれる

V ます형 + きる・きれる

パン5個<ruby>こ</ruby>をたった5分<ruby>ふん</ruby>で食べきった。

빵 5개를 겨우 5분만에 다 먹었다.

昨日買った小説<ruby>しょうせつ</ruby>は面白<ruby>おもしろ</ruby>くて1日<ruby>いちにち</ruby>で読みきった。

어제 산 소설책은 재미있어서 하루에 끝까지 다 읽었다.

親にはいくら感謝<ruby>かんしゃ</ruby>しても感謝しきれない。

부모님에게는 아무리 감사해도 다 하지 못한다.(부족하다)

たった 단, 겨우   小説 소설, 소설책   感謝 감사

161

70. ~直す : 다시 ~하다
(なお)

이미 했던 것에 오류나 불만이 있어서 다시 하는 것

> V ます형 + 直す

🎎 先生が私の作文を書き直してくれた。
(さくぶん)
선생님이 내 작문을 고쳐 써 주었다. (수정해 주었다).

👦 顔に化粧が残っていて寝る前に洗い直した。
(かお)(けしょう)(のこ)(あら)
얼굴에 화장이 남아 있어서 자기 전에 다시 씻었다.

👦 間違ったところはないのか見直したほうがいい。
(まちが)(み)
틀린 곳은 없는지 다시 보는 것이 좋다.

🐾 作文 작문   残る 남다   洗う 씻다   間違う 틀리다

71. ~たて : 방금 ~한

방금 막 ~가 끝난. 빵, 밥 등 음식에 대해 주로 사용

> Vます형 + たて(뒤에 명사가 올 때 Vます형+たての+N)

近所に焼きたてのパンを売るパン屋がある。
근처에 갓 구운 빵을 파는 빵집이 있다.

_____

_____

このチヂミ、できたてで熱いからゆっくり食べて。
이 부침개, 방금 만든 것이라 뜨거우니까 천천히 먹어.

_____

_____

付き合いたての時はデートで何をすればいい？
이제 막 사귀기 시작했을 때는 데이트에서 뭘 하면 좋아?

_____

_____

焼く 굽다　パン屋 빵집　できる 완성되다　熱い 뜨겁다　付き合う 사귀다

163

72. ~かどうか : ~인지 아닌지

의문스럽거나 결정하지 못해 고민하는 상황

V・A・N보통형 + かどうか(단, ナAだ, Nだ에서 だ는 생략)

卒業^{そつぎょう}できる**かどうか**まだ分からない。

졸업할 수 있을지 어떨지 아직 모른다.

___

私が言う日本語が正^{ただ}しい**かどうか**自信^{じしん}がない。

내가 말하는 일본어가 맞는지 아닌지 자신이 없다.

___

本当に必要^{ひつよう}**かどうか**考えてから買ったほうがいい。

정말로 필요한지 아닌지 생각한 다음에 사는 게 좋다.

___

🐾 卒業 졸업   正しい 맞다, 옳다   自信 자신, 자신감   必要 필요

73. ~かのように : (마치) ~인 것처럼

사실은 아니지만 마치 ~인 것 같다는 느낌을 표현

V・イA・ナA・N 보통형(단, ナAだ → ナAである, Nだ → Nである)

3月なのに冬が戻ってきた**かのように**寒かった。

3월인데 마치 겨울이 돌아온 것처럼 추웠다.

妹は私の服を自分のものである**かのように**着る。

여동생은 내 옷을 자기 것인 듯이 입는다.

試験合格！まるで夢を見ている**かのようだ**。

시험 합격! 마치 꿈을 꾸고 있는 것 같다.

戻る (되)돌아오다　着る 입다　夢を見る 꿈을 꾸다

165

74. ～って : ～라는, ～라는 것은

～라고 부르는 것은, 혹은 ～라고 하는 것은. 회화체 표현

> 인용문/N + って

🎎 「空を飛ぶ」ってどんな気持ちなのか知りたい。
'하늘을 날다'라는 것은 어떤 기분일지 알고 싶다.

👦 私は「湊かなえ」って作家の小説が好きだ。
나는 '미나토 가나에'라는 작가의 소설을 좋아한다.

👨 「ロッテワールド」ってテーマパークはどこにある？
'롯데월드'라는 테마파크는 어디에 있어?

🌰 飛ぶ 날다　湊かなえ 미나토 가나에(일본 작가 이름)

75. ~っけ？ : ~였더라?

확실히 기억나지 않는 것을 상대방에게 확인하는 회화체 표현

> V・イA・ナA・N 보통형 + っけ？

あの俳優、名前が何だったっけ？思い出せない。
저 배우 이름이 뭐였더라? 기억이 안 나.

_____

_____

ここのパンケーキがこんなに美味しかったっけ？
여기 팬케이크가 이렇게 맛있었나?

_____

_____

今週の会議は何曜日だと言いましたっけ？
이번 주 회의는 무슨 요일이라고 했었죠?

_____

_____

🐾 俳優 배우   思い出す 기억해내다   会議 회의   曜日 요일

76. 존경어 : 상대방을 높이는 표현

(1) ~れる/られる : ~하시다

동사 수동형을 이용. 가벼운 수준의 존경 표현

> V수동형

🎎 夏休みはゆっくり休まれましたか。

여름휴가는 편안히 쉬셨습니까?

_____

_____

🧑 部長、鈴木さんの報告書は読まれましたか。

부장님, 스즈키씨의 보고서는 읽으셨습니까?

_____

_____

🧑 今回、昇進されましたよね。 おめでとうございます。

이번에 승진하셨네요. 축하드립니다.

_____

_____

🐾 夏休み 여름휴가　　部長 부장　　昇進 승진

(2) お / ご ～ になる : ~하시다

훈독(飲む, 読む 등) 앞에는 お, 음독(発表, 外出 등) 앞에는 ご

> お / ご + Vます형/동작성 명사 + になる

今日は何時くらいに**お帰りになります**か。
오늘은 몇 시쯤 들어가십니까?

＿＿＿＿＿＿＿＿＿＿＿＿＿＿＿＿＿＿＿＿＿＿＿＿＿＿

＿＿＿＿＿＿＿＿＿＿＿＿＿＿＿＿＿＿＿＿＿＿＿＿＿＿

詳しくはメールで**お聞きになって**ください。
상세한 내용은 메일로 문의해 주시기 바랍니다.

＿＿＿＿＿＿＿＿＿＿＿＿＿＿＿＿＿＿＿＿＿＿＿＿＿＿

＿＿＿＿＿＿＿＿＿＿＿＿＿＿＿＿＿＿＿＿＿＿＿＿＿＿

今日の会議、**ご出席になります**か。
오늘 회의에 참석하십니까?

＿＿＿＿＿＿＿＿＿＿＿＿＿＿＿＿＿＿＿＿＿＿＿＿＿＿

＿＿＿＿＿＿＿＿＿＿＿＿＿＿＿＿＿＿＿＿＿＿＿＿＿＿

詳しい 상세하다　～てください ~해 주십시오　会議 회의　出席 출석

(3) お / ご ~ です : ~하고 계시다

~ている의 높임말. 동사, 동작을 뜻하는 명사와 함께 사용

お / ご + Ⅴます형/동작성 명사 + です

1時間前からお客さんがお待ちです。
1시간 전부터 손님이 기다리고 계십니다.

_____

_____

普段はどのような本をお読みですか。
평소에는 어떤 책을 읽으십니까?

_____

_____

申込書と身分証はお持ちですか。
신청서와 신분증은 가지고 계십니까?

_____

_____

お客さん 손님, 고객　　普段 평소　　申込書 신청서　　身分証 신분증

170

(4) お/ご~くださる : ~해 주시다

くださる의 ます형은 くださいます. '~해 주세요'는 ~ください

> お/ご + Vます형/동작성 명사 + くださる

🎎 こちらで少々お待ちください。
しょうしょう
이쪽에서 잠시만 기다려 주십시오.

_____

_____

👦 工事中です。足元にお気をつけください。
こうじちゅう　あしもと
공사 중입니다. 발밑을 조심해 주십시오.

_____

_____

👦 ご連絡くださいまして、ありがとうございます。
れんらく
연락해 주셔서 감사드립니다.

_____

_____

🐾 少々 조금, 잠시　工事 공사　足元 발밑　連絡 연락

77. 겸양어 : 자신을 낮추는 표현

(1) お/ご~する : ~하다

자신의 행동을 낮춰 표현하는 가벼운 수준의 겸양어

> お/ご + Vます형/동작성 명사 + する

資料^{しりょう}は明日まで**お送^{おく}りします**。

자료는 내일까지 보내겠습니다.

_____

_____

その件^{けん}については私が**ご説明^{せつめい}します**。

그 건에 대해서는 제가 설명하겠습니다.

_____

_____

昨日**お借^かりした**本はとても役立^{やくだ}ちました。

어제 빌린 책은 매우 도움이 되었습니다.

_____

_____

🌸 資料 자료　　説明 설명　　役立つ 도움이 되다

(2) お / ご ~ いたす : ~하다

する의 겸양어인 いたす(致す)를 사용해 더 정중히 표현

お / ご + Ｖ ます형 / 동작성 명사 + いたす

今年もよろしく<mark>お願い いたします</mark>。
ねが
올해도 잘 부탁드립니다.

しょうひん　たくはいびん
商品は宅配便で<mark>お送り いたします</mark>。
상품은 택배로 보내드리겠습니다.

せんじつ　れんらく
先日<mark>ご連絡 いたしました</mark>キムミンヒです。
지난번에 연락 드렸던 김민희입니다.

願う 부탁하다　　商品 상품　　宅配便 택배

(3) ~ていただく : (상대방이) ~해 주시다

~てもらう의 겸양어. 상대에 대한 감사의 마음이 담겨 있음

> Vて형 + いただく

先生に本を貸していただきました。
선생님께서 책을 빌려주셨습니다.

少し教えていただきたいことがありますが…
조금 가르쳐 주셨으면 하는 것이 있습니다만…

帰りの時、先輩の車に乗せていただきました。
돌아올 때, 선배가 차를 태워주셨습니다.

貸す 빌려주다   少し 조금   乗せる 태우다

(4) ～させていただく : ~하겠습니다

직역하면 '~ 시키심을 받겠습니다'로, 가장 정중한 겸양어

> V사역형 + いただく

🧒 私用のため、明日は休ませていただきます。
개인적인 사정으로 내일은 쉬겠습니다(쉬게 하심을 받겠습니다).

_____

_____

🧒 新しい事業について発表させていただきます。
새로운 사업에 대해 발표 드리겠습니다(발표시키심을 받겠습니다).

_____

_____

🧒 では、会議を始めさせていただきます。
그럼, 회의를 시작하도록 하겠습니다(시작시키심을 받겠습니다).

_____

_____

🔹 私用 개인적인 일, 사적인 용무   発表 발표   会議 회의

175

Chapter3 **Review**

48. **~にとって** : ~에게 있어

私にとって一番大事なのは家族です。

49. **~として** : ~로서

韓国のチェジュ島はみかんの産地として有名だ。

50. **~くせに** : ~인 주제에(비난)

「女のくせに」、「男のくせに」と言うのは時代遅れだ。

51. **~なんか** : ~같은 것, ~따위

あなたなんかもう嫌だ。別れよう。

52. **~代わり(に)** : ~대신에

今朝はご飯の代わりにパンを食べた。

53. **~をもとに** : ~을 바탕으로

今までの経験をもとに小説を書いている。

54. **~を中心に** : ~을 중심으로

ヨーロッパを中心にテロが相次いでいる。

55. **~を込めて** : ~을 담아

愛を込めてバレンタインデーのチョコを作った。

56. **~てしょうがない** : 너무 ~하다

最近は日本に行きたくてしょうがない。

57. **~ような気がする** : ~같은 느낌이 든다

今のあなたの気持ちが分かる<mark>ような気がする</mark>。

---

58. **~てもかまわない** : ~해도 괜찮다

明日は暇なのでいつ来<mark>てもかまわない</mark>。

---

59. **~ふりをする** : ~인 척을 하다

何でも知っている<mark>ふりをする</mark>人は嫌いだ。

---

60. **たとえ~ても** : 만약 ~라도

<mark>たとえ</mark>それが本当だとし<mark>ても</mark>、他の人には言わないで。

---

61. **どんなに~ても** : 아무리~해도

<mark>どんなに</mark>大変なことがあっ<mark>ても</mark>諦めたくない。

---

62. **べつに~ない** : 특별히 ~하지 않다

<ruby>肉<rt>にく</rt></ruby>はべつに<ruby>嫌<rt>きら</rt></ruby>いではないけど、あまり食べない。

---

63. **どうせ~から** : 어차피~이니까

どうせ私は使わないから持っていってもいいよ。

---

64. **~だらけ** : ~투성이

<ruby>弟<rt>おとうと</rt></ruby>の<ruby>部屋<rt>へや</rt></ruby>はいつもほこりだらけだった。

---

65. **~はもちろん** : ~은 물론

JLPTのために<ruby>文法<rt>ぶんぽう</rt></ruby>はもちろん<ruby>漢字<rt>かんじ</rt></ruby>も<ruby>勉強<rt>べんきょう</rt></ruby>しています。

---

66. **~たびに** : ~할 때마다

この<ruby>映画<rt>えいが</rt></ruby>は見るたびに<ruby>涙<rt>なみだ</rt></ruby>が<ruby>出<rt>で</rt></ruby>る。

---

67. **~通り**：~ (하는)대로

最近、仕事が思う通りにならない。

68. **~得る**：~ 할 수(도) 있다

別れたカップルがよりを戻すこともあり得る。

69. **~きる**：끝까지 다 ~하다

パン5個をたった5分で食べきった。

70. **~直す**：다시 ~하다

先生が私の作文を書き直してくれた。

71. **~たて**：방금 ~한

近所に焼きたてのパンを売るパン屋がある。

72. **~かどうか** : (마치) ~인지 아닌지

そつぎょう
卒業できる<mark>かどうか</mark>まだ分からない。

---

73. **~かのように** : (마치) ~인 것처럼

がつ　　　　　　　ふゆ　もど
3月なのに冬が戻ってきた<mark>かのように</mark>寒かった。

---

74. **~って** : ~라는, ~라는 것은

そら　と
「空を飛ぶ」<mark>って</mark>どんな気持ちなのか知りたい。

---

75. **~っけ?** : ~였더라?

はいゆう　なまえ　なん　　　　　　　おも　だ
あの俳優、名前が何だった<mark>っけ</mark>?思い出せない。

---

76. 존경어

(1) **~れる/られる** : ~하시다

夏休みはゆっくり休まれましたか。

---

(2) **お/ご ~になる** : ~하시다

今日は何時くらいにお帰りになりますか。

---

(3) **お/ご~です** : ~하시다

1時間前からお客さんがお待ちです。

---

(4) **お/ご~くださる** : ~해 주시다

こちらで少々お待ちください。

77. 겸양어

(1) **お/ご〜する** : ~하다

資料は明日まで<ruby>送<rt>おく</rt></ruby>りします。
<ruby>資料<rt>しりょう</rt></ruby>は明日までお<ruby>送<rt>おく</rt></ruby>りします。

---

(2) **お/ご〜いたす** : ~하다

今年もよろしくお<ruby>願<rt>ねが</rt></ruby>いいたします。

---

(3) **〜ていただく** : (상대방이) ~ 해 주시다

先生に本を<ruby>貸<rt>か</rt></ruby>していただきました。

---

(4) **〜させていただく** : ~하겠습니다

<ruby>私用<rt>しよう</rt></ruby>のため、明日は<ruby>休<rt>やす</rt></ruby>ませていただきます。

あ

う

お

か

さ

そ

た

ち

つ

て

と

な

に

は

ふ

へ

ほ

ま

む

よ

れ

わ

を